JN125324

日本の水商売

Mizushobai, the Night Life in Japan: Legal Philosopher, Walking Around as a Nighthawk

法哲学者、夜の街を歩く

谷口功一

Taniguchi Koichi

PHP

本書に登場する夜の街

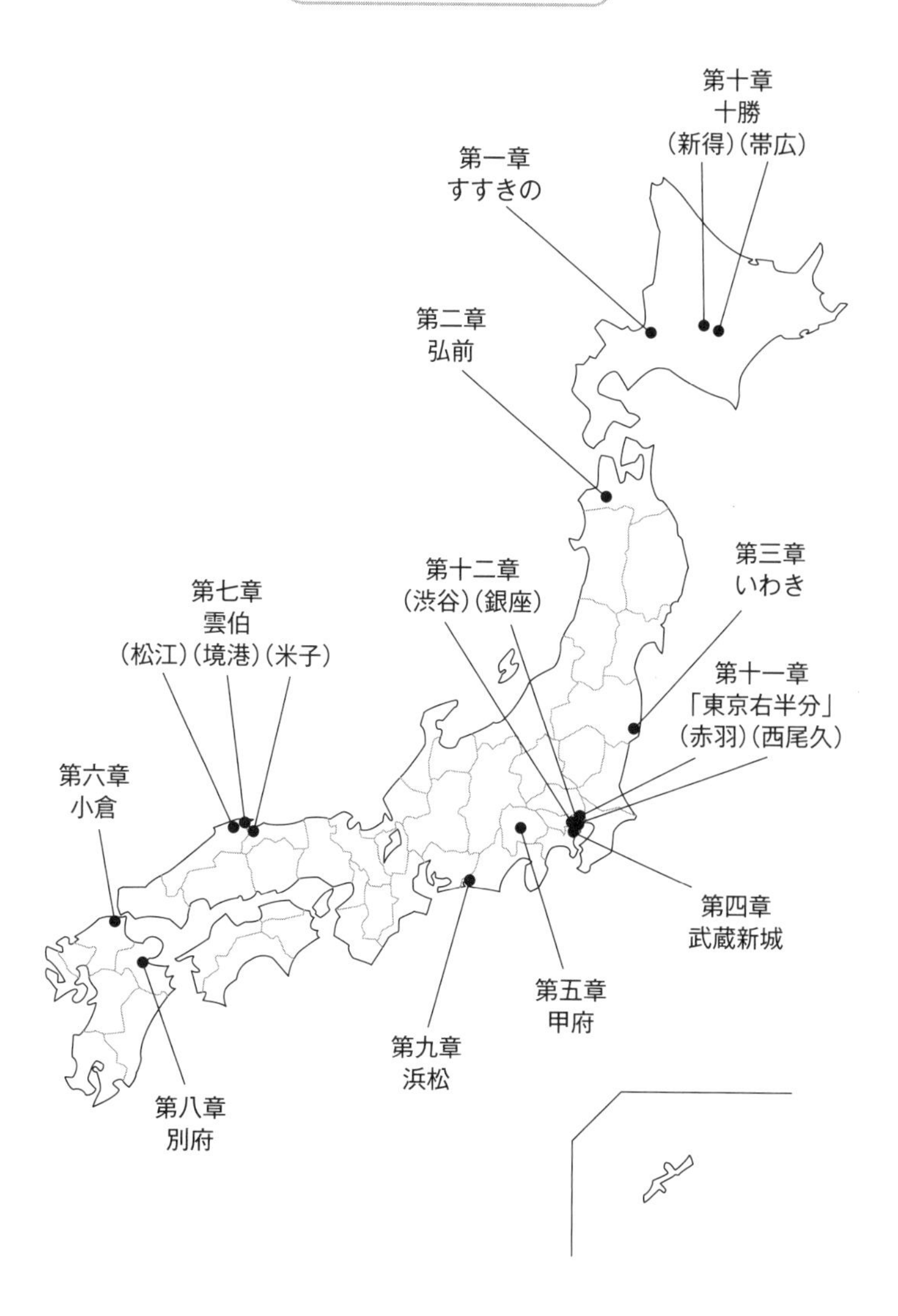

第十章
十勝
（新得）（帯広）
第一章
すすきの
第二章
弘前
第三章
いわき
第十二章
（渋谷）（銀座）
第七章
雲伯
（松江）（境港）（米子）
第十一章
「東京右半分」
（赤羽）（西尾久）
第六章
小倉
第四章
武蔵新城
第五章
甲府
第九章
浜松
第八章
別府

まえがき

本書は、二〇二一年十月末の札幌市すすきの取材から二〇二二年十二月半ばの東京銀座での取材まで、コロナ禍のなか、一年余りにわたって日本全国の夜の街をめぐり歩き、そこで営まれる水商売の姿を描き出したものである。

筆者の本業は法哲学者であるが、サントリー文化財団の助成を得て主宰した「スナック研究会」以来、編著『日本の夜の公共圏　スナック研究序説』（白水社、二〇一五年）などを通じて、わが国の「夜のスナック文化」の興隆に微力を尽くしてきた。

コロナ禍の発生という未曾有の状況のなか、スナックを始めとする夜の街はきわめて大きな影響を蒙ってきたが、「自粛」や「営業の規制」など本業の法哲学者として専門的考究の対象ともなりうる諸事象と「夜の街」とがクロスオーバーしたのが、このコロナ禍の日々でもあった。

私はよく「法学部で教える法哲学者なのに、なぜスナックの研究などをしているのか」とたずねられるが、今回、このコロナ禍の下、それが何故だったかの本当の意味を知ったように思う。先述の通り、本来の専門である「法哲学」と「夜の街」に関して書いてきたことが、疫禍を通じて本当に偶然にではあるが交錯したことを通じ、私自身がこれまでスナックについて書いてきたことが、ある種の天による召命のようなものだったのだなと思うようにさえなったのである。

以下では、そのように思い到る背景をなすこととなった、コロナ下での「夜の街の記憶」を綴(つづ)ってゆくことにしたい。

日本の水商売

目次

第五章 甲府という桃源郷

山梨県甲府市

第六章 小倉で戦争を想う

福岡県北九州市

第七章 雲伯、神々の国と鬼太郎のまち

鳥取県米子市・境港市、島根県松江市

第十章 十勝のスナックと地域のつながり

北海道新得町・帯広市

第十一章 「東京右半分」であふれる商売の熱量

東京都北区赤羽・荒川区西尾久

第十二章 小さなオデュッセウスの帰還

東京都渋谷区・中央区銀座

終章

「夜の街」の憲法論

装丁——斉藤よしのぶ

第一章

狙われた街・すすきの

北海道札幌市

「グリッド都市」札幌

旅歩きのバイブル、西村幸夫の『県都物語』（有斐閣）を紐解くなら、札幌は格子状の道路から構成された「グリッド都市」である。

アメリカ中西部のそれによく似た、この都市構造は「どの敷地も平等である」という理念を表現するのに適したものだったが、一八六九年に開拓使の本府として建設された札幌は、まずは「平等」ではなく殖民都市としての「ヒエラルキー」を内蔵する形で発展してゆくこととなる。

もともとは本庁が権威的に「南面」し、その先へと長大に続くはずだった南北路は、おそらく「中間部の背後を埋めるような施設が十分に用意出来ない」といった理由で直角に折れ曲がることとなったが、広大な火防線としての大通（公園）を挟んで、火除け地に護られる北の「官地」と南の「民地」とが截然と分かたれ、近代の序列／差異が札幌という都市のグリッドに刻印されたのである。

その後、官地は払い下げになり、「行政府ではなく鉄道駅が主要道路のT字型のアイトップを占め、都市の姿を決めるという都市」へと転身してゆくこととなった。以降、ヒエラルキーが「マーキングされた空間の固有性を徐々に無菌化し、……都市空間を民に開いていく過程」を経て現在に至る。

このようにグリッド構造が本来予定していた形で〝平等に開かれていた〟はずの札幌の都市空間は、二〇二〇年のコロナ禍の発生以降、思わぬ形で、これまでにない強度でのマーキングを再開することになってしまったのだった――かつての南の「民地」、すすきの地区を名指しにした、営業規制である。

スナックのチェーン

二〇二一年十月末、私は二年ぶりに札幌に降り立った。すすきのを挟んで札幌駅の反対側、夜の街で働く人びとも少なからず住んでいると聞く中島公園近くに宿を取ったのだが、公園内は鮮烈な発色の紅葉が盛りを迎えていた。新千歳空港からホテルに直行し旅装を解いた私は、コロナ前の懐かしい感覚を思い出しつつ、日が暮れた路面に先ほどまで降っていた雨痕が鈍く光る道を、すすきのの夜の街へと北上した。この、投宿先から夜の路上へと滑走する瞬間こそが、コロナ下で久しく喪われていた、旅で最も昂揚する瞬間でもあったのだった。

札幌を実際に訪れる前、新生「夜のまち研究会（＝夜まち研、旧スナック研究会）」で新たに調査した夜の飲食店の市区町村ごとの店舗数の増減に関するデータをまとめ、それを元にかねてから知遇のあったスナックのママAさんと電話で話していたのだが、その際の会話が重く心に残り、今回の札幌訪問へとつながった。

電話では久しぶりの挨拶もそこそこに「データによると札幌の夜のお店は半分くらいに減ってしまっているんですが……」と切り出したところ、Aさんから返ってきたのは「え、そんなものなんですか？　私の体感では、もっとずっと減っている感じなんだけど……。あと、ＳＮＳなんかでは友人や知り合いの知り合いなどの飲食店主が急に亡くなったという投稿もわりと目にするようになってしまいましたね……」という話だった。

そんななか、今回すすきのを訪れたのは、コロナ以前から一度ゆっくり話を聞いてみたいと思っていた「スナック原価」チェーンの経営者、田中裕美子さんと会うためだった。北海道の人なら、テレビのＣＭなども含めて一度は名前を聞いたことがあるだろうスナックのチェーン、それが「スナック原価」である。以前、『日本の居酒屋文化』（光文社新書）の著者でもあるマイク・モラスキー氏が「豆腐屋とスナックには、チェーン店がないよね」という話をしていたのだが、じつは、札幌には創業四十五年目の堂々たるスナックのチェーン店が存在しているのである。

経営者の田中裕美子さんは北海道三笠市生まれ。十九歳のとき、札幌に出て来て親戚が北24条でやっていた喫茶店を手伝い始めたが、じきにその店を引き継ぎ、自分の名前にちなんだ「Ｙｏｕ＆Ｍｅ」という深夜喫茶を開いた。

その後、業態を変え「スナック原価」を始めることとなったのだった。この店名、当時、北24条のビル二階の店舗の下にあった田中商店という酒屋から、客に酒でもツマミでも自由に（原価で）買って来て店で飲み食いしてもよいとした画期的な方式から「原価」という店名になったのだった。当時は若くて資金もなかったゆえの苦肉の策でもあったが、これが当たった。

「スナック原価」チェーンの看板（筆者撮影、以下同）

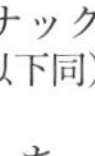
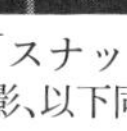

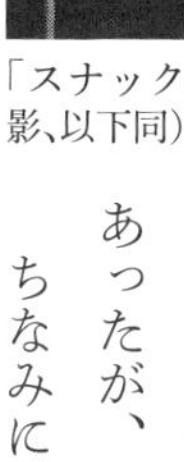

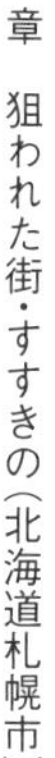

ちなみに、この第一号店は「スナックメ

ルシー原価」という名称で、改装を経て現在でも営業している。今回の札幌訪問では、この原価チェーンの原点でもあるメルシーにも行ったのだが、店長ののぞみさんによると、地下鉄南北線のかつての終点（翌年の冬季オリンピックに合わせて一九七一年に真駒内～北24条間が開業、一九七八年に麻生まで延伸した）でもあったこの北24条界隈の店は近所の人たちがぶらりと来るような地元に密着した営業が多く、地元ならではのリラックスした雰囲気だという。

◈コミュニケーションの場としてのスナック

「原価」の歴史に戻るが、その後、店の繁盛を背景に満を持して札幌の中心・すすきのへ進出してゆくこととなった。最初の頃は、みかじめ料などをめぐるヤクザ絡みのいざこざに悩まされたりもしたが、もともとの店の常連に警察関係者が多かったこともあり、ある日、マル暴の刑事から「俺と一緒に腕を組んで、すすきのをグルっと歩き回ろう」と言われ、それを実行して以降はヤクザ絡みの嫌がらせがピタリと止んだという。

現在、原価チェーンは札幌市内にすすきのを中心として一一店舗が営業しているが、四年前に初めてこの店を訪れた際、私はひどく驚いたのだった。すでに書いたとおり、酒や食べ物が持ち込み自由であることに加え、この店には「制服」があるのだ。「制服があるスナック!?」と私は面食らった。スナックという名称のとおり、指名などはなく、いろいろなホステスさんと話せるのだが、最初に行った際の正味の感想は、「水商売っぽくない、やけに健全な雰囲気だな」だった。

一一店舗のうち田中さんが直接経営するのは五店舗であり、残りの店舗の経営者と緩やかにグループを組み、原価チェーンを形づくっている。スナック原価、メモリアル原価、アルト7（アルトビルの七階にあるから）、メルシー原価、幻花が、田中さんがじかに経営する店舗だ。

このうち「メモリアル」は、何かを記念してのものかと思ったら大間違いで、じつはこれは「原価」独特の「ボトルカード」というシステムに関わっているのだった。「原価」ではもちろん酒は持ち込み自由なのだが、普通のスナックと同じようにボトルキープをすることもできる。

ただ、他のスナックとは違うのは、ボトルカードで、客の帰りしなボトルに残ってる酒の残量（ボトルの目盛り＝メモリ）を測ってカードに記録し、何年かぶりの訪問になっても、その残量と同じボトルを、酒をダメにしないようにボトルを流さないようにして出すというのである。何というアイデア。なお、「幻花」はチェーンのなかでは最も高級な店舗で、クラブのような雰囲気のある店だが、「原価（ゲンカ）」と区別するために「マボハナ」と通称されているそうだ。

これらのなかでも、最もシンプルな店名の「スナック原価」は、水商売に入るのが初めての店員を入れて育てることを念頭に置いたものだという。田中さんは自らの原価チェーンを「すすきのの小学校」と笑って言うが、まさに札幌の水商売の登竜門であり、ここから巣立って自らの店をもつに至る人もいれば、あるいは長年「原価」で働き続ける人もいる。

田中さんに紹介してもらった、途中の出戻りも含め足かけ二十五年「原価」に勤めてきたひさえさんも、その一人だ。私とほぼ同い年のひさえさんは、二十歳の頃、早くに父親を亡くしたため、学費や家賃をすべて自分で賄（まかな）わなければならず、大学のあった小樽（おたる）・花園町のカラオケパブでアルバイトを始めたのが、この道に入ったきっかけだった。

その後、バイト仲間に誘われ、すすきののスナック原価で働くこととなった。途中の数年、弁護士事務所の事務員として働いた期間など、何度か昼の仕事に戻ったりもしたが、困ったときにはいつも「原価」は彼女の復帰を歓迎してくれたという。昔の「原価」は店の女の子だけでなく、お客も学生など若い人が多く、「集団合コンみたい」で毎日が楽しかったそうだ。

「原価」には楽しい思い出が詰まっているというひさえさんは、これまでにあった店での面白い出来事を嬉しそうに話してくれたが、二十年来のお客さんのなかには親子続けて通う人もいて（じつは店側にも母娘で働いている人もいる）、「もう、これだけ長く居ると家族みたいなもので、辞めて他のところに行くというのは考えにくいですね」と話すのだった。

コロナ下で心に残ったのは、いろいろな事情でお店に来られない常連さんから言われた「いまはお店に行けないけど、だからこそお金いっぱい貯まっているから、コロナ明けたら楽しみにしておいてね！」という言葉だった。コロナになってあらためて「心のこもったコミュニケーションをする場としてのスナックなんかはホントに大事なトコなんだなと思った」と、ひさえさんはしみじみと話していた。

「原価」は、話を聞けば聞くほどに、人を大切に育てるところなのだなと痛感したが、最後に訪れたG４ビル上階にあるチェーン店の一つ「ＴＨＥ ＷＯＲＬＤ（ザ ワールド）」の店長ゆいさんは、四年前、私が初めて「スナック原価」を訪れた際に、短い時間だが私について話したことをハッキリと覚えており、「さすが」と舌を巻いたのだった。

❖権力による恣意的なマーキング

札幌滞在中、羊ヶ丘(ひつじがおか)と藻岩山(もいわやま)、二つの展望台に登り、札幌の全景を目にしておいた。本州では目にしない降雪対策の平たい陸屋根を載せた四角い箱のような建物が並ぶ札幌の街区は、平らかに途切れなく広がっていた。そんななか、これまで記してきたような人びとが泣き笑いしながら日々懸命に働く「南三条から南八条、西二丁目から西六丁目」の区域を恣意(しい)的(てき)に切り取ってマーキングし、あたかもコロナ感染の元凶であるかのように指弾(しだん)の的としてきたのが、この足かけ二年だったのである。

このような権力による恣意的な名指しについては、私のPCのなかにある「コロナ下の愚かしい歴史の記録」というフォルダに入っているあるツイートのスクリーンショット（上画像）を見てもらえば、その馬鹿馬鹿しさが、いっそう理解していただけるのではないだろうか。

これは私が通勤で使う東京の京王線についてのツイートだが、都内でまん延防止等重点措置が適用される自治体とそうでないところがまだらになった結果として出現した愚かしい限りの事態なのである。一つの駅の南口と北口とで店が開けたり開けなくなったりしてしまうことにいったいどのような防疫上の意味があったのだろうか。実際、札幌でも名指しされたすすきので呑めなくなれば、人びとは狸小路や北24条へと流れて呑んでいたのだ。

恣意的なマーキングは、地理的なエリアだけに限らない。そもそもなぜ、「飲食店」だけがこれだけ長期にわたり、毎度ためらいなく、いとも簡単に締めつけられてきたのだろうか。時短要請は、コロナは「昼間、お天道様の下ではなりを潜める」という話だったのだろうか。すべてが確とした根拠に乏しく、何もしないで手をこまねいているわけにはゆかないので、とにかくも「えいやぁ」と何か決めてしまい、それに従わせておけば良いのだ、というような気分が透けて見えてしまうのである。

いろは団地 5G
@irohadanchi

調布→まん防
京王多摩川→まん防
京王稲田堤→まん防じゃない
京王よみうりランド→まん防じゃない
稲城→まん防じゃない
若葉台→まん防じゃない
京王永山→まん防じゃない
京王多摩センター→まん防じゃない
京王堀之内→まん防
南大沢→まん防
多摩境→まん防
橋本→まん防じゃない

午前7:05 · 2021年4月9日 東京 多摩市から · Twitter for iPhone

2,910 件のリツイート　243 件の引用ツイート　6,526 件のいいね

　この間の以上のような恣意的なマーキングは、私に「調整問題（coordination problem）」と

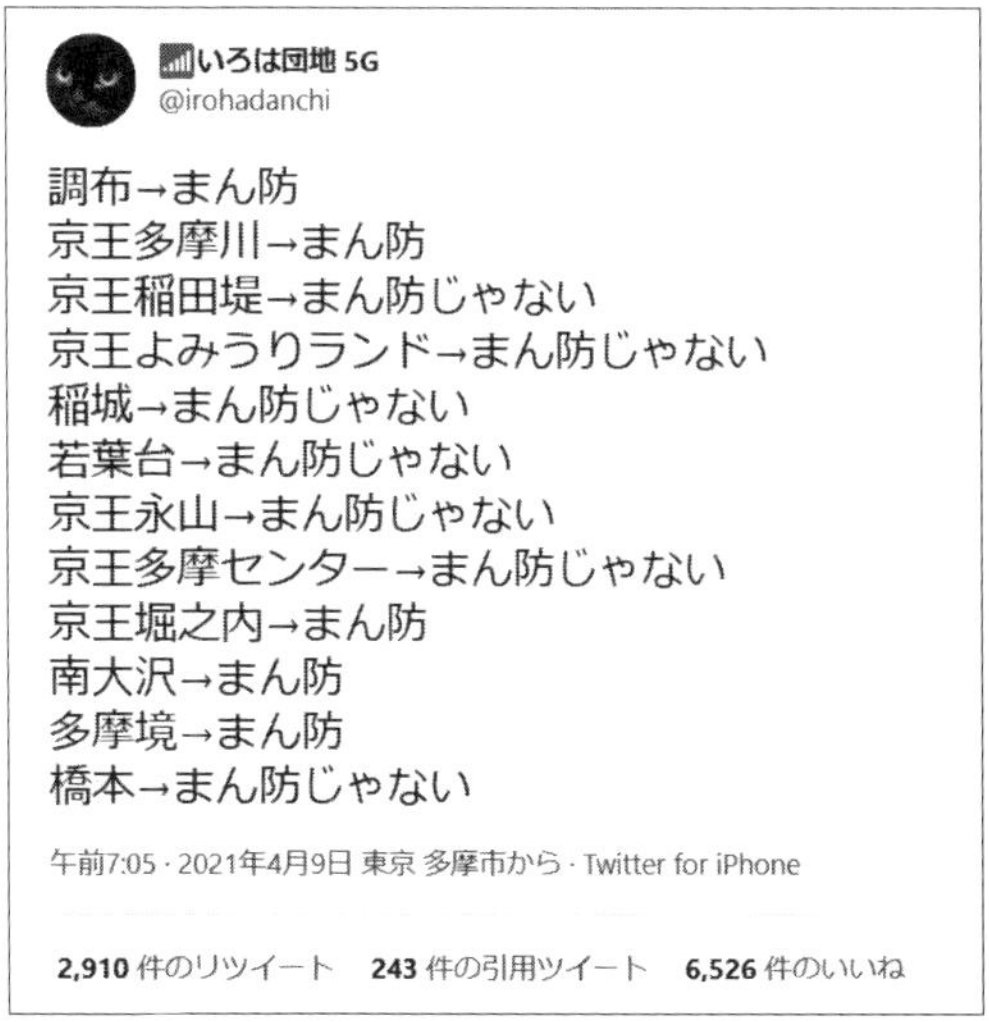

いう言葉を思い出させた。法と権威をめぐる議論に関して法哲学者ジョセフ・ラズの主張を引く形でよく言及される、この問題は――どれでも良いのだが、とにかくどれか一つに決まってくれないと困るような問題に関して「とにかくもどちらか（どれか）決まっていることが、そして、それに服従させることが肝要だ」という話なのである。道路を右側通行にするか左側通行にするかを定める道路交通法規など、議論をしても仕方ない問題が、その典型として挙げられる。このときに法は、自らを「権威」として問題の解決（調整）の責を担うこととなるのである。

　調整問題の解決は、たしかに国家が担う重要な役割の一つではあるが、しかし、本稿でこれまで言及してきたような形での恣意的なマーキング全般に関しては、小中学生でも揚げ足を取れるような茶番じみた屁理屈（道一本を隔てた距離や昼夜の別でコロナが盛衰する）に依拠するものであり、それは結果的に著しく法の権威を毀損してしまってきたのではないだろうか。

　憲法学者の長谷部恭男は、しばしば自らを「権威」として主張する実定法（自分で判断するより法に従ったほうがベターですよ）に従うことは、先述の調整問題状況下では上手く働くこともあると認めたうえで、返す刀で次のように言っている。

「いついかなる場合でも、必ず実定法の文言通りに行動することが、本来とるべき行動をとることになるとは限らないことも、常識的に考えればすぐ分かることである。人の命がかかっているような緊急の場合に、必ず実定法を遵守して行動しなければならないとは限らない。『この状況で人として本来すべきことは何か』を最終的に判断するのは、いつも自分自身である。実定法の条文は、所詮、実践的な判断の補助手段である。物神として条文を崇め、自分の判断を放棄することは、人であることを放棄することである」[1]

国家のいま一つの重大な役割である人権保障の機能は、この際、基本権条項に基づき「権威」として自己主張する実定法の拘束を解除すべきものなのである。「営業の自由」もまた、基本的人権なのだから。

そして、今般のコロナ下での最大の問題は、このような権威による恣意的なマーキングが、以上で述べてきたような「実定法」の形さえ取らない、曖昧な「(自粛の)要請」などといった同調圧力(と社会的制裁)を当て込んだ根本的に陰湿(いんしつ)なものだった点にあるのではないのか。先述の長谷部は「最終的に判断を下すのは、結局は自分自身である」とも述べているが、この言葉のもつ意味は重い。

❖ 記憶に残る予測不能なトラブル

札幌初日、私は事前の約束どおりお店へ向かおうと、ニッカの大看板のある交差点にさしかかったところで、田中さんからの着電で携帯電話が鳴った。ちょうどニッカ看板の向かいにある大スクリーンに「原価」のＣＭが流れているところだったが、そこで予想もしない椿(ちん)事(じ)が起きた。田中さんのお店（三店舗）が入るビルの水道が壊れ、ビルが全館営業不能になってしまったのである。急遽(きゅうきょ)、三店舗を別のビルの二つの店に振り分けて緊急避難的に臨時営業しているところに私は着いてしまったのだった。

加えて、その日に紹介してもらうはずだった、すすきのをよく知る他の店のママさんもお母さんが救急車で運ばれてしまったりと、まったくもって予想外の出来事が立て続き、本来予定していた取材の時間がまったく取れなくなってしまい、正直、青ざめたのだった。ただ、他方で、トラブルで慌(あわ)ただしいなかにも、多くのお客が店を訪れるのを見て、私はほっとしたのだが。

水商売の店絡みで、長く記憶に残り想い出となるのは、こういう予測不能なトラブルが起きたときこそである。最近も友人に紹介した銀座の店のママから突然電話があり「先生、ごめんなさい～、私やらかしちゃって……」と聞き、何かと思ったら、営業中に酔っ払いすぎて、気がついたら他の店で寝てしまっていたというのである。私は必死で笑いをこらえて、いや大丈夫だからと言い、念のため友人にも電話したのだが、友人も「かえって面白かったし、これもご縁だね」と笑っていたのだった（じつのところ夜まち研メンバーの飯田泰之先生である）。

札幌「すすきのビル」

久しく忘れていたコロナ前のこの懐かしい感覚を、私は札幌すすきのでのドタバタのなかで味わい、しみじみと「夜の街に戻ってきたのだな」と思った。東京の地元の馴染みのスナックで呑んでいると、時おり誰ともなく二〇一一年三月十一日に何をしていたのかや、その後のしばらくの間の店の様子などについて、しみじみと思い出し語り合うことがあるが、このコロナ下での日々の諸々も、いつか「あんな時代もあったよね」と穏やかに振り返ることができる日が来ることを願うばかりである。

取材日：二〇二一年十月二十八日(木)～三十一日(日)

1：長谷部恭男『憲法学の虫眼鏡』羽鳥書店ＷＥＢ連載「その16　憲法より大切なもの」より

第二章

弘前、クラスター騒動の真実

青森県弘前市

❖ 弘前最大の盛り場・鍛冶町

作家の寺山修司は、自らの出生について「走っている汽車の中で生まれた」という〈個人的な伝説〉に執着したが、じつのところ弘前（ひろさき）生まれである。そんな寺山は「わが故郷」のなかで、青森県の地勢について次のように記している。

「下北半島は、斧のかたちをしている。大間村から北海岬へかけての稜線が、その刃の部分である。斧は、津軽一帯に向けてふりあげられており、『今、まさに頭を叩き割ろうとしている』ように見えるのが、青森県の地図である。しかし、惨劇はこれから始まろうとしているのではない。すでに龍飛崎から鼻繰崎へかけての東津軽は、一撃をうけ、割られたあとなのである」【1】

今回訪れた弘前市は、この斧に叩き割られた津軽の胸元あたりに位置する古い都市である。明治以降「青森」という県名を冠（かん）せられたこの地域は、もともと津軽と南部というまったく異なった風土・文化・言葉をもつ地域を一つにしたものであり、「斧」たる下北半島のほうに少なからぬ係累（けいるい）をもつ私にとっての弘前は、同じ県内でも別天地の趣（おもむき）さえある場所である。

今回、やはり二年ぶりに、新青森駅を経由し奥羽本線で弘前へと向かった。途中、浪岡（なみおか）駅を過ぎたあたりから茫々（ぼうぼう）と平らかな田野がひらけ、津軽富士とも賞される岩木山の姿が目に入ってくるはずだったが、あいにくこの日は天気が悪く、雲間から降る雨だけが車窓の外を流れていた。

この日は、百四十年前、明治十四（一八八一）年以来の珍しい部分月食が出現する日でもあったので、私は旅先の空に浮かぶ月食を楽しみにしていたのだが、あいにくの空模様がそれを許さず、やむをえず手元のスマートフォンで私が暮らす東京多摩地域の国立天文台（三鷹市大沢）

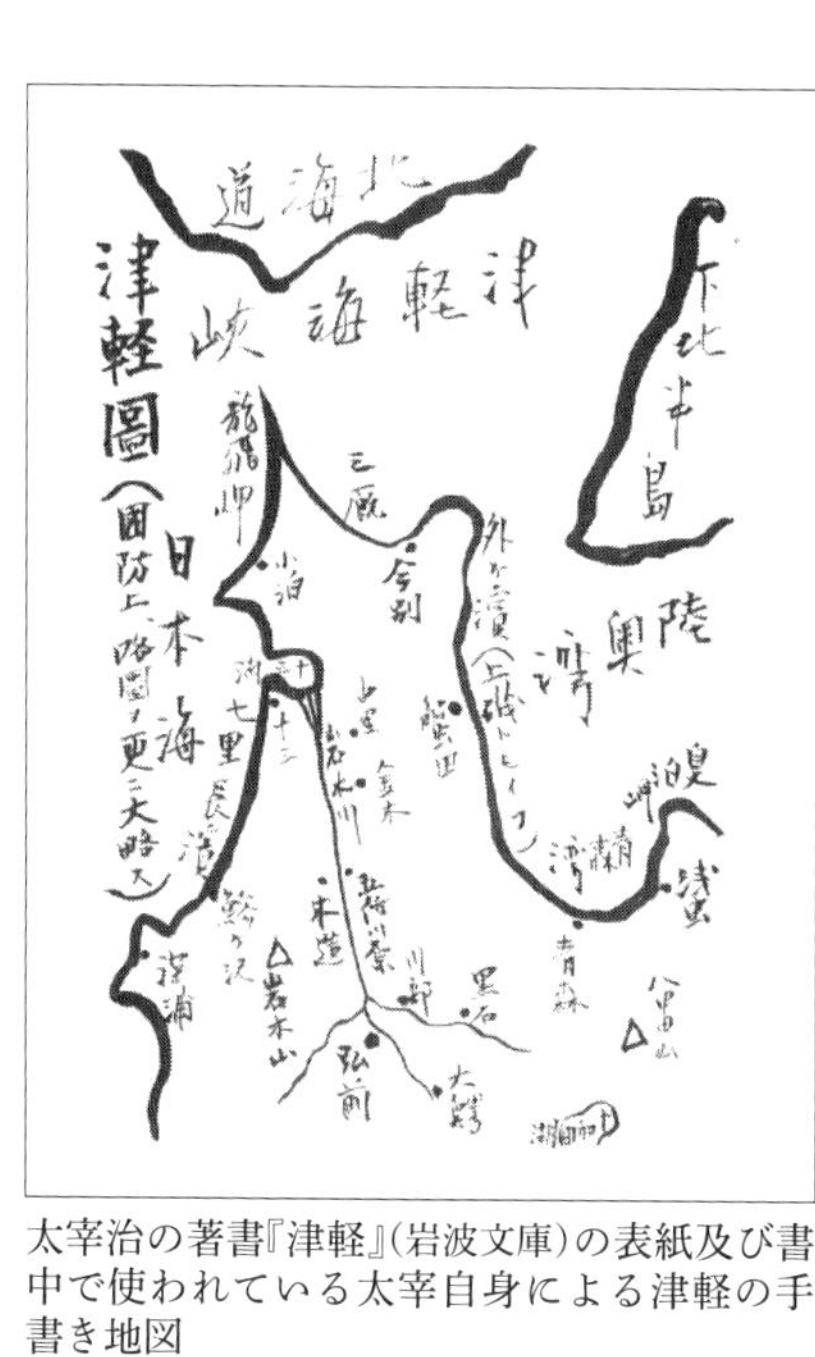

太宰治の著書『津軽』（岩波文庫）の表紙及び書中で使われている太宰自身による津軽の手書き地図

からの中継映像を視聴したのだった。

投宿先のホテルに着いてテレビをつけると、二〇二〇年の十月十一日以来、初めて青森県内で感染者だけでなく療養者もゼロになったことが報じられており、本当に言い知れないほど深い感慨をもったのだった。なぜなら、今日これから訪れるところは、二〇二〇年の十月に国内最大級のコロナ感染クラスターを発生させたことで全国区のニュースになってしまった店だったからだ。

いつものように夜のとばりが降りた街に出た私は、土手町の通りを老舗百貨店・中三を見やりつつ、弘前最大の盛り場・鍛冶町へと今夜も濡れた路面に歩を進めたのだった。

志村けんさんも訪れた

私が弘前を初めて訪れたのは、二〇一七年八月二十九日。拙編著『日本の夜の公共圏　スナック研究序説』(白水社)の表紙写真に使った同じく青森県は黒石市のスナック「おかえり」が、いまだ健在なのかを確かめるためだった。結果は、残念ながら私の訪問の前年に店仕舞いしてしまっていたことを、隣に残っていた「四季」というスナックで知ることとなったのだったのだが。雨降る黒石の夜の街は店の看板に灯の入っていないところが多く、その理由は林檎の収穫時期なので、皆、呑みに出たり店を開けたりしている場合ではないのだから、という話が印象に残った。じつにスナックで感じる四季である。

四年前のその日、黒石で初期の目的を果たした私は宿を取っている弘前に戻り、事前に目星を付けていたある店をふらりと訪れた。「シャモン」という変わった名前のそのスナックは、昭和四十八（一九七三）年、つまり私が生まれた年に開業したとネットで知り、行ってみたいと思ったのだった。

スナック「シャモン」の看板（筆者撮影）

シャモンは新潟県十日町市出身、一九四九年生まれの本間光子さんが、当時のご主人と始めた店で、最初は漢字で「車門」という店名だった。東京から夫の郷里に戻って来て鍛冶町で始めた七坪半ほどの小さな店で、小さなレストランを出すことを夢にしていた本間さんは、まずはスナックをやりながら人を覚えてゆこうと始めたのだった。

嫁ぎ先の実家が美容室だったため美容師の免許を取り、昼は美容室、夜はスナックで働きづめだったが、「若いからできたことですね」と本間さんは笑って話す。

その後、夫婦は離別することとなり、娘二人を抱えて再出発した際、店名を現在のカタカナの「シャモン」に改めた。年月を経て店舗の場所を移しながら商売は大きくなってゆき、現在では鍛冶町のシンボル的な明治屋ＯＴＴＯビルの二階に二三坪の「スナック・シャモン」、一階に三三坪の「クラブ縷シャモン」を構えるまでになった。一階のクラブは、失礼ながら「人口一八万を切る弘前にこんな本格的なクラブがあるのか……」と驚くような店なのだが、二〇一三年、シャモンの四十周年を機に、ちょうど下の一階の店舗が空いたこともあって、「まだまだ水商売としてやれることがあるのではないか」と奮起して六十四歳のときに開業したものである。以来、弘前を代表するクラブとして歓楽街・鍛冶町に大きな存在を占めるに至っている。

二〇二〇年三月に亡くなった志村けんさんも来店したことがあった。連れの人たちに混じり、静かに紳士的に呑んでいた志村さんだったが、津軽三味線が聴きたいというので、三味線の人を呼んだところ、演奏後、弾き手と熱心に三味線の話をしていたのが、とても印象に残っているという話を、奇しくもそのときに志村さんが座っていた席で聞いたのだった。

二〇二〇年のコロナ禍の広がりのなか、当初、県外客は断り、また四月からはお客さんに迷惑をかけないためにもと、鍛冶町でもいち早く休業に入ったりもしたが、このときも店で感染者が出たのではないかという心ない噂を流された。

夜の仕事がなくなってしまった日々のなか、少しでもお客さんたちに喜んでもらえればと、従業員たちと何百枚もマスクをミシンで縫い配った。いまでも、「あのときのマスク、大事にもってるよ」というお客さんがいるという。

❖マスコミの扇情的な報道とそれに乗ったネット

二〇二〇年九月に青森県ではいったん、コロナに関する規制が解除となったが、ＧｏＴｏキャンペーンなどで県外客が鍛冶町にも戻って来るようになった途端に、店から感染者が発生してしまったのだった。

十月はじめ、発熱を訴える従業員がいたため、すぐに三度にわたって保健所に問い合わせをしたが、味覚障害や嗅覚障害（シャンプーの匂いがしない！）を訴えてもＰＣＲ検査はなされないままに健康観察を指示されたのだが、不安に駆られ、かかりつけ医に相談して、ようやく検査を受けることができた。結果的に本間さん自身を含む一九一人が感染する大規模クラスターの発端となってしまったのである。本間さん自身が入院する際、検査で感染が発覚すると同時に入院となったのだが、これまで放ったらかしだった保健所からは突然「今日中に来客名簿を全員出さなければ店名を公表する」と告げられた。

翌月はじめに退院するまでの間、根も葉もない酷い噂が流され続けた。曰く、本間さんと娘が連れ立って東京のホストクラブに行って感染してきた、数百枚の招待状を送ってコロナ禍のなかで誕生パーティをした、などと。シャモンの件は、青森県内だけにとどまらず、新聞やテレビを通じて全国的に連日報道され、七十代の感染者の死亡ニュースが流れた際には、それが本間さんだという「死亡説」さえ、まことしやかに流された。

私自身も東京でこれらの報道やネットでの噂話を見て、とても他人ごととは思えなかった(じつは我慢できなくなり、人づてで地元の民主商工会経由で本間さんの安否を確認した)。ただ、店にやって来たり、電話してきたりという直接的な嫌がらせはなかった、という。すべての嫌がらせはマスコミの扇情的な報道それ自体と、それに乗せられたネットでのものだったのだ。

この間、両親と暮らしていたり、近所の目もあったりで、泣く泣く辞めてしまったスタッフも数人いたという。これについては「本当にいまでもかわいそうで、申し訳なかった」と本間さんは言う。それでも退院するまでずっと待っていてくれたスタッフたちと話し合い、落ち着いたら必ずお店を再開することを誓ったのだった。「仕事がないと、このコたちの笑顔がなくなってしまう」という思いが本間さんの背中を押した。

再開時期については考えに考えた末、十二月十一日に再び店を開けた。お客さまにはとても、「お店に来てください」とはお知らせできないので、ひっそりと静かな再開だった。最初は広い店内に一人しか客が来ない日もあったが、一人、また一人と来店してくれたときには感動で涙し、いまでもそのときの光景が忘れられないと言う。

同じビルの二階で、私と同い年の娘さん美穂さんもスナック「ピュア」を経営している。美穂さんからも、クラスター発生時の本当に厳しくも苦しい状況を聞いたが、クラスターの狂騒のなかでもお客さんたちが「シャモンを応援する会」を結成してくれたという話も耳にしたことがあり「世の中捨てたものでもないな」と思ったそうだ。

母としての本間さんは、美穂さんに自分の築き上げた店を継いでほしい気持ちもあるそうで、私がその話を振ると「そうみたいなんですけどね……」と美穂さんは苦笑するのだが、

「シャモン」の本間光子さん(左)と筆者

「いまはもうお店を継いでくださる素晴らしい智美ママが、このコロナ下でも母を助けて頑張ってくれているので、安心している」と話した。クラスター騒動のなかでの母を見て「自分だったら辞めてしまっていたかもしれない。我が母ながら、そのひるまない精神力でスタッフと頑張っている姿を本当に尊敬している」と話すのだった。

店名公表の「事後的」な検証はなされたか

この間、このシャモンだけでなく、店名を「公表」され塗炭(とたん)の苦しみを味わって来た人びとは少なからずいる。もちろん積極的疫学調査のためなど防疫(ぼうえき)上の必要性を否定はしないが、しかし、人口一八万人程度の都市で店名を公表されることとの経済的・社会的なダメージの大きさと深さについては、もっと、その実相が知られるべきではないだろうか。行政機関による店名「公表」のコロナ下での最も初期の頃の事例としては、大阪府によるパチンコ店の施設名の公表があったことなどが思い出されるが、その際に何が起こったのかを思い返してみるとよい。結局、あれだけ新聞やテレビで袋叩きにされたパチンコ業界では一度もクラスターを発生させることはなかったのではないだろうか……。

法哲学者の大屋雄裕(おおやたけひろ)（慶應義塾大学）は、このような行政による「公表」にまつわる三つの問題を指摘する。[2] 第一の問題は「誤指定」の可能性である。「問題のある対象」の特定そのものが誤っている場合には、適切な対象に効果を及ぼせないのである。典型的な事例としてはいわゆる「カイワレ大根事件」[3]が想起されるが、結果的にカイワレの生産者による国賠請求訴訟が提起され国側が敗訴したこの事件では、公表の「作用が分散された諸個人の手によることが予定されている」ため「その逆（情報の修正、名誉回復）」を行なうのがきわめて困難となったのである。大屋は言う。「続報の拡散速度は遅く、結果的に到達範囲も限定的である……［公表は］発動するのは容易だが修復できない」のだ、と。

第二の問題は「誤配」の可能性である。これも作用の実現が分散された諸個人に委(ゆだ)ねられた結果として、本来とは別の対象へ誤認に基づいて作用が加えられることになるのだ。事件報道をめぐり、よく似た名前の個人や企業に「電凸（架電によるクレーム）」が行なわれてしまうのが、その典型だろう。

最後に、第三の問題は「誤反応」の可能性である。最初に挙げたパチンコ店の例が典型だが、店舗名が公表された結果、中毒的なパチンコ愛好者たちが、むしろその店をめざして県外からも集結してしまったことを覚えているだろう。「自粛警察」もまた、この点での過剰な「誤反応」であると言える。

大屋は「本来的に特権的地位にある行政」が「安易に公表という手段を採用することは、その特権性を自ら破壊する結果につながる可能性がある」と指摘したうえで、次のように論じている。

「それでも一定の事情のもとで……行政が公表という手法に頼らざるを得ない場合、結果的にどのような反応が社会に生じたのか、それは意図されたものだったか、許容し得ない副作用は生じていないかといった検証を、**事後的に**行うことが不可欠だろう……」

このような「事後的」な検証の責を負うべきなのは、何も「公表」の主体たる行政だけではない。むしろ、クラスター狂騒のなか、卑しく視聴率を稼ごうと、これでもかと扇情的にシャモンのことなどを報道してきたマスコミこそが、率先してこの任を果たすべきなのではないのか。

幸い地元紙の『東奥日報』は「シャモン」クラスターで感染した男性に取材し、「誰が悪いわけではなく、気をつけても交通事故に遭う可能性がゼロにならないのと同じ」という言葉を二〇二〇年の紙面にわざわざ載せている。正直、私はこの記事を読んだとき、少しだけ救われたような気持ちさえしたのだった。以前、拙稿「『夜の街』の憲法論」のなかで、報道の自由を含む「精神的自由」だけが手厚く守られ、営業の自由を含む「経済的自由」はたやすく蔑ろにされ続ける状況を厳しく批判したが、二年にわたり続いているコロナ下のさまざまな規制や施策について、「事後」にこそ息の長い検証を続けるべきであり、勝義には、そのようなことのためにこそ「表現の自由」や「報道の自由」があるのだということを深く自覚してほしいのである。

冒頭で触れた部分月食が前回起きた百四十年前、大隈重信らは政府を追われ下野したが（明治十四年の政変）、そのあと、政府に戻った大隈を条約改正に関して激しく批判する論陣を主筆兼社長として新聞『日本』で張ったのが、弘前出身の大ジャーナリスト・陸羯南であった。願わくは、郷土の大先達に倣い、二〇二〇年のあのときに何が起こり、それをどう評価すべきか、あらためて検証されんことを。

❖ クラスター騒動のその後

最後に本間さんから頂いたお手紙の一節をそのまま掲載したい。「公表」のもたらす甚大(じんだい)な影響と、その後の「検証」の必要性について、あらためて考えるよすがとなれば、と思うばかりである。

「残念ながら、私どものお店からコロナが発生してしまった事は、事実でありますし、コロナ感染で鍛冶町の同業者の皆さまにも大変なご迷惑をおかけしてしまった事は、本当に心から申し訳なく思っております。今でもコロナの影響で店を閉めてしまったママさんや、若いママさんで金土だけの営業を余儀なくされた方たちの事を思うと、私の心は申し訳なさで心が折れてしまう日々をずっと過ごして参りました。やっと最近はコロナも少なくなり、鍛冶町でもお客さまが戻ってきたような気配が致します。私どものお客さまだけでなく、鍛冶町の皆さまが明るさを取り戻し、昔どおりにはまだ難しいでしょうが、手を取り合って頑張って行きたい！と心から思い、そして願っております」

弘前滞在中、いま一人の郷土の著名人・太宰治(だざいおさむ)が旧制弘前高校時代に通ったという喫茶店でコーヒーを呑みながら、私は弘前との不思議な縁に思いを致した。じつは、太宰の墓は私の自宅からそう遠くない三鷹市下連雀（しもれんじゃく）の禅林寺（ぜんりんじ）というところにあり、敬愛する森鷗外の墓もあるその寺をたまに訪れるからである。来年は、太宰の弘前での想い出も纏綿（てんめん）と綴（つづ）られた『津軽』を読み直し、弘前城の桜が満開の季節にでも弘前を再訪して、シャモンで美味い酒を酌（く）み交（か）わしたいものである。

取材日：二〇二一年十一月十九日（金）〜二十一日（日）

1：『現代歌人文庫③　寺山修司歌集』国文社、一九八三年
2：大屋雄裕「行政手法としての公表──権力の新たな形態か」『都市問題』二〇二一年二月号
3：一九六七年、大阪府堺市で発生したO-157による集団食中毒事件。当初、カイワレが原因とされ、生産者は甚大な打撃を蒙ったが、その後、冤罪であることが判明した。

第三章

いわき、非英雄的起業家の奮闘

――福島県いわき市――

❖いわきに広がる「都会」の光景

新千歳空港から羽田への空路、左側の窓の外にはずっと原野が広がっているのが見えるが、あるとき突然、大都会らしきものが見えてくる。

一瞬「あ、首都圏に入ったのかな」と思ってしまうのだが、それはまだ東北のいわき市（福島県）なのである。天気の好い日なら、まず福島第一原発がぽつんと海沿いの原野に見えてきて、それからすぐにいわきの街が見えるのだが、原発と都市の対比には、もの思わしめる何かがある。[1]

ところで、北海道・東北全県を合わせて、人口の多い都市を上から三位まで言えるだろうか？　一位の札幌市（一九七万人）、二位の仙台市（一〇九万人）までは誰にでもわかるのだが、では三位は？――答えは、いわき市（三三万八六一二人）である。市町村合併の結果としての「一つの県なのでは？」というほどの広さ（じつは香川県の三分の二ほど）と三・一一以降の周辺町村からの人口流入などを加味しても、いわきという街が東北のなかで占める重みが理解できるのではないだろうか。

いわき駅前の風景（右手ビルがLATOV）

なお余談だが、四位は郡山（こおりやま）市（三二万八五三三人）、五位は旭川市（三二万七五九四人）で、東北の県庁所在地で人口が三〇万人を超えているのは、かろうじて秋田市（三〇万一一一七人）だけであり、それ以外の仙台を除いた全県都は三〇万人を切っている。[2]

ＪＲ常磐線いわき駅の改札を出ると、南口駅前広場に「こりゃ都会だな」という光景が広がっていて驚くことになる。右手にはＬＡＴＯＶ（ラトブ）[3]という大型商業施設のビルが視界に入ってくるが、いわきの中心歓楽街「田町」は、その裏手に広がっている。なお、いわき駅周辺は、旧・平市にちなみ「平（たいら）」とも呼ばれ、一〇万人ほどの地域人口を抱えている。

地元で広告代理業などを営む佐藤フロンズさん（ABCいわき情報館）によるなら、震災以降いわゆる復興バブルも影響し、田町は潤ってきた。実際、空きテナントはゼロになり、原発関連の作業員たちの宿泊も増えて街も賑わった（市内にスターバックスも三軒出店）。福島県は比較的コロナによる時短営業などの規制期間が短かった（少なかった）地域だが、田町でも一割程度の飲食店は閉業し、取材時点（二〇二一年十二月）でも夜の街の客の回復度合いは五～六割程度といったところだという。バブルで高止まりした家賃も飲食店には重くのしかかっているのが現状だ。

❖ 商売をしながら地方経済に貢献

そんないわき市を以前、仕事で訪れた際、珍しく誰からの紹介もなく田町の夜の街を独り漂い歩いていたのだが、そのとき「多分ここが地域の一番店だろうな」と思って入ったのが、レンガ通りに面した「華姫」というラウンジだった。

華姫は白を基調とした清潔な印象を与える外観の店で、扉を開けるとカウンターの奥にたっぷりとボックス席のある広めの店内の様子が見える。初見のときには、カウンターに座り、地元のお客さんたちと和(なご)やかに歓談したが、初めての客にも居心地の良い店である。国内での緊急事態宣言やまん延防止等重点措置がすべて解除されたあとに、夜のまち研究会のメンバー・飯田泰之先生と訪れた際には、地元の人びとで満員御礼となっており、店の勢いというものをハッキリと感じたのだった。

この店のオーナーママは、笹原広美(ささはらひろみ)さん。いわき市でサラリーマンの父と専業主婦の母のもとに生まれ、地元の商業高校を卒業したあと旧常磐交通のバスガイドを経て、二十歳のとき、姉と一緒に、田町にスナック「LOVE RING(ラブリング)」を開業したのが夜の街での始まりだった。先述の佐藤フロンズさんは当時を思い出し、「ハタチの若いコが、ぽっとスナックを出して、そう長くは続かないだろうと思ったが、トンでもない思い違いだった」と言う。

ラウンジ「華姫」の看板

笹原さんは二〇〇〇年の初めてのスナック開業以来、カフェ、ネイルサロン、洋菓子店、そしてポータルサイトなどさまざまな事業を手がけてきたが、地元に雇用を産み出す旺盛な事業意欲には感服するばかりである。現在は、自らのグループ法人のもとで先述の華姫に加え、同じ田町で「ＬＯＶＥ ＲＩＮＧ」「Ｓｗｅｅｔ Ｈｏｍｅ」などのスナック、浪江町で「焼酎バーひかり家」、そしてキッチンカーの運営をしている。

笹原さんは地元ではちょっとした有名人で、Ｉｎｓｔａｇｒａｍのフォロワーが九万人半ばに達しており、いわきで取材をしていて笹原さんの話になると、よくその話題になる。しかし、彼女が地元で知られているのはそれだけでなく、地元でボランティアやまちづくりなどの社会活動に積極的に汗を流す姿によってでもある。

二十六歳のときに地元のライオンズクラブ（二〇一四年に会長）、二十八歳のときには地元のいわきＪＣ（青年会議所）に入ったが、そこから地元での縁もさらに広がっていった。二〇一一年の震災以降、近隣町村から多くの人がいわき市に避難してきていたが、大きな被害を受けた浪江ＪＣのメンバーとの交流から生まれたのが先述の浪江町の焼酎バーひかり家である。

浪江町は震災後、原発事故の影響で二〇一七年三月末まで避難指示が出ていたが、解除後も人は戻らず「せめて、お店があればもう少し人も戻るのでは」と浪江の仲間たちに背中を押され飲食業に詳しい笹原さんが一肌脱いだのだった。七年間人が住まうことを許されなかった町にようやく店の灯(あかり)をともすにあたって、笹原さんは自身のＩｎｓｔａｇｒａｍに次のように書いている。

「多くの方々が浪江町の復興を目指し力を尽くしています。その想いに触れる機会があり、必要性を感じて、今回の出店を決心するにいたりました。いま現在の浪江町の出店には課題や困難もたくさんあります。しかし『誰かのためになること』は必ず仕事になります……店名のように町を明るくするひかりになっていけたらいいな」

これまでの連載で取り上げた夜の街の経営者の皆さんもそうなのだが、仕事で地方に行くと笹原さんのように手広く商売を構えて雇用の場を産み出し、地方経済に貢献している人たちと会うことが少なからずある。私は彼らに会って話をするほどにいろいろなことを考え込まされてしまうのである。

❖ サンデル教授が囚われている強迫観念

最近流行ったマイケル＝サンデル教授の『実力も運のうち――能力主義は正義か？』（早川書房、二〇二一年）という本があった。この本のなかでは、アメリカで有名大学への入学にまつわる不公平さが論じられており、両親の財産や文化資本など、ほぼ「生まれ」によって入学試験で測られるべき能力が規定されてしまっていることの問題性、そして、そのようにして獲得された能力（と学歴）をもつ人びとの、そうでない人びとに対してもつ「傲慢さ」が手厳しく批判されていた。

しかし、この本を二〇二一年度の私のゼミで読み、また講義の夏期レポートにも課して学生たちの感想を聞く限りでは（九四人提出）、本書は間違ったメッセージを発しているのではないかと思ってしまったのである。多くの学生は私の勤務校である東京都立大に入学できたことを感謝しつつも、それがたまさかの境遇（運）によるものとして、ともすれば「罪悪感」さえ抱いていたのである。しかし、後述するとおり、別に「学歴」は「成功」へとつながる唯一の道でもないのではないだろうか。

サンデルはこの本の末尾で、能力主義の陥穽に囚われない市民的な共通善（公共心のようなもの）の涵養が必要であることを力説する。たとえば以下の、ほぼ結論に当たる一節である。

「共通善に到達する唯一の手段が、われわれの政治共同体にふさわしい目的と目標をめぐる仲間の市民との熟議だとすれば、民主主義は共同生活の性格と無縁であるはずがない。完璧な平等が必要というわけではない。それでも、多様な職業や地位の市民が共通の空間や公共の場で出会うことは必要だ。なぜなら、それが互いについて折り合いをつけ、差異を受容することを学ぶ方法だからだ」

［三二二頁、強調は谷口による］

私がこのくだりを読んで思ったのは、「スナックの話をしているのかな？」だった。スナックのような「夜の街での社交」がないアメリカ人には「誠にお気の毒様……」としか言いようがないのであるが。

それはさておき、サンデルの本の中心的なテーマに戻ると、そこでは「学歴」と「成功」があまりにも強く結びつけられており、それがあたかも必然的な因果関係を形づくっているかのような、一種の強迫観念になってしまっているのではないか、という疑問を私は抱いたのだった。

笹原さんの話を聴きながら私がアタマに思い浮かべていたのは、藤野英人の『ヤンキーの虎――新・ジモト経済の支配者たち』（東洋経済新報社、二〇一六年）という本である。このなかでは決してサンデルが描くような高学歴層ではないが、地方に根を張ったビジネスをリスクをとりながら多角的に展開し成功している経営者たちを「ヤンキーの虎」と呼んで描き出し、彼らのようなリスクテイカーこそが地方経済を建て直す大きな可能性を秘めていると論じているのである。実際、彼らは事業拡大のために積極的に金融機関からの借入を行なって儲（もう）けを出し、地域の自治体に多くの税金を納めている。

サンデルは「地の塩」として働く、ゴミ清掃員をはじめ、とくにコロナ禍（か）のもとでの「スーパーマーケットの店員、配送員、在宅医療供給業者、その他の必要不可欠だが給料は高くない労働者」がいかに重要かを認識すべきだと、あたかも「労働英雄」を称賛するかのような檄（げき）を飛ばすが、そこには高学歴で成功した人びと「以外の労働」に関するいささか貧弱な世界観が露呈しており、先述の「ヤンキーの虎」のような活力に満ちた存在への視点が欠落してしまっているのではないかと思ってしまうのである。

じつは、サンデルの本を読んだ私のゼミではZoomを使っている利点を活かし、社会人となった卒業生も参加していた。自らの力で起業し広く活躍している卒業生からは「道徳的な教訓としてはお説ごもっともなんですけど、具体的にどうすればイイのかは謎ですよね」という手厳しい感想ももらっていたのだが、その点に関しじつは、サンデルは他の著作のなかで曖昧ながらも彼なりの「答え」を記している。

サンデルの主著の一つである『民主政の不満——公共哲学を求めるアメリカ（下）』（勁草書房、二〇一一年）という本の最終章では、先述の市民的な公共善を実現するために必須の経済的基盤として「独立自営業者的経済人」による「コミュニティの再生」が急務であると論じているのである。公共心をもった独立自営業者こそが地域住民と協同・連帯し、地域コミュニティを活性化させるのだ、と。

ただ、ここでの自営業者のイメージは「公共」に引きつけたかたちでの姿が強調されすぎていて、創意工夫して純粋に金儲けの算段をする「商業人」としてのアニマル・スピリット（儲けたるぜ！という気魄（きはく））のようなものが等閑視（とうかんし）されているように思われてならないのである。要するに、端的に金儲けをして自分の家族や地元の仲間たちを潤し、結果的にまわりまわって地域に貢献するので何が悪いのか、ということなのである。

◈ 地元に根付いた独立自営人の姿

「華姫」を訪れた夜、ついでにグループ店のスナック「Ｓｗｅｅｔ Ｈｏｍｅ」にも行ってみたのだが、店舗を経営する二十代の華月（かづき）さん（笹原さんの姪（めい））がスタッフの足りないなか、

笹原広美さん(左)と華月さん

パタパタと小走りで店内を動き回り懸命にお店をまわしているのが印象に残った。笹原さんに後日この話をしたところ、「自分の姪ながら、こんなに頑張って商売をするとは思わなかったので嬉しい」と感慨深そうに話していた。

華月さん自身、水商売の経験もそれほど長くないなか「お酒飲んでお金もらえる楽な仕事でイイね」などと心ない言葉を浴びせられることもあり、この仕事への偏見を感じ傷つくこともあるが、だからこそ頑張りたいと思っている。

親戚としての顔しか知らなかった叔母の広美さんに対しては、仕事を通じ「こんなスゴい人だったんだ！」と思うことしきりだと言う。

華姫には笹原さんの中学の同級生であるサオリさんもチーママとしてスタッフの要をなしている。子どもの出産を挟んで二年ほどのブランクがあったが足かけ十五年以上、笹原さんと共に働き、長い付き合いの他のスタッフやお客さんたちが家族のように感じるとも言う。笹原さんは同級生ながら、一人の経営者として尊敬しているとのことだ。

先述のとおり、家族や地元の仲間を基点に、しっかりと地元に根付いた独立自営人の姿が、ここにはあるのではないだろうか。

「非英雄的な起業家」に目を向けよ

本稿執筆中、いわき市には再びまん延防止等重点措置が適用されることとなり、田町の夜の通りからは再び人の姿が消えてしまったが、そんななか、笹原さんは新しい挑戦に乗り出そうとしている。いわき市中心部の平からは離れた郊外の泉地区のほうにコロナ禍のなかでも安心して呑める一軒家の店を開業することを予定しているのだ。震災以降、若い居住者の増えた泉地区に笹原さんは商機も見いだしている。以下は新店舗開店に向けての笹原さん自身の言葉である。

「コロナに翻弄(ほんろう)された二年間……いわき駅前の繁華街に構えていた私たちのお店は五店舗から三店舗に縮小。見えないウィルスとの戦い、お店やスタッフを守るためにと頭を抱え続けた時間が続きました。今回、私が挑戦するのは繁華街から離れた、初の郊外店。コロナ禍でもスタッフが安心して働けるよう、また、お客さまに安心して足を運んでいただけるよう、わずか五分前後で室内の空気を入れ替える換気システムを導入しました。まだまだ、新型コロナウイルスの終息は見えない状況ではありますが、私たちの大切な場所を守るための新たな挑戦を皆さま方に温かく応援していただけたら嬉しく思います」

最後に、長らく世情で喧(かまびす)しい「起業」をめぐるブームについて、かねがね思っていることを記して結びに代えたい。普通「起業」と聞くと、ビル・ゲイツやスティーブ・ジョブズのような「英雄」的起業家の名前が脳裏(のうり)に浮かぶだろうが、彼らのような存在は当然ながら、統計的にはまったく典型ではないのである。起業論の原点であるシュンペーターにおいて「起業家精神（entrepreneurship）」は、「私的な帝国や自らの王朝を建設しようとする意思」と定義されているが、そんな大それたことを考えて起業する人間は普通いない。
ほとんどの起業家の営みは、家族や地元の仲間とともに自分たちの居場所をつくり、ささやかなりとも地元での役割を果たしてゆく決して派手だったり先端的だったりはしないものなのである。いわきだけでなく、全国の夜の街で、ささやかながらスナックやラウンジを開業し、その灯をともし続ける経営者たちは、このような意味での地に足のついた「非英雄的な起業家」たちなのではないだろうか。[4]

取材日：二〇二一年十二月二日（木）

1：この機上からの眺望については、たまたま本連載第１回目の取材のための札幌出張の際、ＣＣＣメディアハウスの編集者・小林薫さん（札幌ご出身）から機内の座席指定まで含めて教えていただいたおかげで観ることができた点、伏して謝す次第である。

2：いずれの都市の人口も令和４年２月１日分の統計に基づく。

3：公式サイトによるなら、以下のような由来。——「『いわき』の頭文字『i』を『愛』と考え、愛は英語でラブ。『ラとブ』で構成された単語です。そして『ラ』は漢字で『等』。複数の人＝市民を表し、『ブ』は『奉』。奉仕の気持ちを表します。『ラトブ』は多くの市民に仕え、愛される施設となることを願っています」。
4：柴山桂太「非英雄的起業家論」スコット・A・シェーン著、谷口功一ほか訳『〔新版〕〈起業〉という幻想　アメリカン・ドリームの現実』（白水社、二〇一七年）所収の「解題」。

第四章

夜の庭としての武蔵新城

神奈川県川崎市

❖「横のつながり」の一体感

JR南武線の武蔵新城（むさししんじょう）駅（神奈川県川崎市中原区）を降りると、私はいつも北口の広場から右手の細い路地にある焼鳥「かとりや」へと向かう。生ビールを頼み、一人前五本からの焼き串をレバーと皮を混ぜてタレで、それにシロネギ（シロを焼いた串五本にネギと生姜がタップリまぶしてある）を注文し、大ジョッキで喉（のど）へと流し込む。以降はその日の気分で串を何本か食べ、最後は卓上に出された塩をアテにして木升の香る樽酒（たるざけ）を呑み乾（ほ）し、お勘定（かんじょう）だ。

ここに来るといつも、昔、御茶ノ水で通っていた、かつてはトンカツ・天ぷら・天丼と三つ揃いだった「いもや」の店舗を思い出す。いつも混んでいて並ぶことになるが、自分の番が来ると独り席について素早く注文をし、白木のカウンターを前に無駄話はせず黙って食べるのに集中する。終われば、さっと勘定を済ませて帰る好ましい簡潔さ。ここは、そういう雰囲気を思い出させる、夜の街へと出撃するための下地をつくるハードボイルドな「前哨（ぜんしょう）基地」なのだ。

ガソリンも入り軽くなった足取りで商店街あいも～るをひたすら南下し、ゆうゆう通りで左折して宮内新横浜線の大通りに出ると交差点の向こう側に新城神社が姿を現し、その奥にスナック「貴石（きせき）」がある。

南武線、私にとっては生活上も仕事上も何の縁もゆかりもない路線であり、ましてや必要に迫られて武蔵新城を訪問するということはないが、しかし、この店に行くためだけに私は何度も武蔵新城駅を降りて、ルーティンを繰り返しているのである。

じつのところ私が行ったことのある都内近傍（きんぼう）のスナックの数は知れており、むしろ仕事で地方に出たときにこそスナックを訪れる。基本的に都内では自宅のある地元でしか呑まない傾向が強く、要するに歩いて帰れるところでばかり呑んでいるのだが、一軒だけ歩いては帰れないものの折をみて通っている店、それが「貴石」なのである。

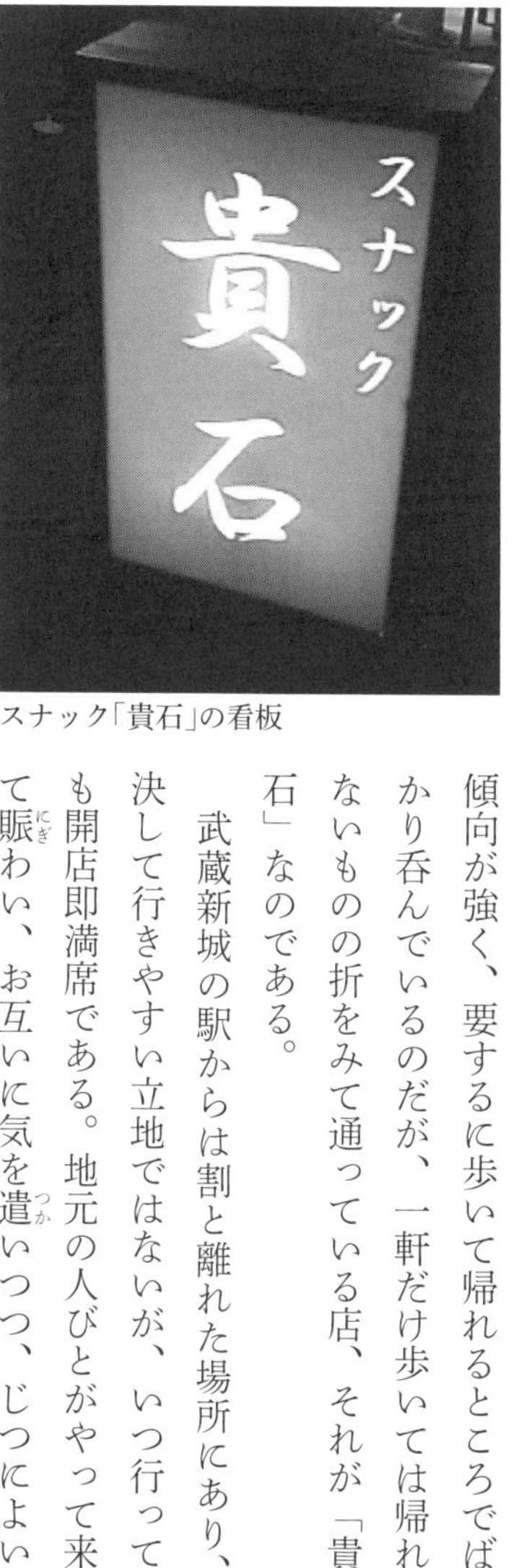

スナック「貴石」の看板

武蔵新城の駅からは割と離れた場所にあり、決して行きやすい立地ではないが、いつ行っても開店即満席である。地元の人びとがやって来て賑（にぎ）わい、お互いに気を遣（つか）いつつ、じつによい雰囲気で呑んでいる。店側の気遣いと客側のそれが絶妙で、理想的な店というのはこういうものかと毎回感心するばかりの店なのである。

いつ行っても印象に残るのは、武蔵新城の夜の街を家族のように全体として盛り上げてゆこうとする姿勢だった。この店以外にも武蔵新城で私が通う店は他にもあるが、このように夜の店同士が「横のつながり」で街全体を盛り上げていこうとする一体感のようなものが、「隣の人は何する人ぞ」が普通である東京近傍に存在しているのには驚くばかりだ。

❖開店に至る波乱の船出

初めてこの店を訪れたのはいまから遡(さかのぼ)ること四年前。二〇一八年の三月に第一興商(DAM)の東京営業本部長だった山根広嗣さんに連れて来てもらったのだった。二〇一七年から山根さんを介して、DAMの機器をリースしている代理店の社長さんたち向けにスナックに関する講演などを行なうようになり、その縁で大きな代理店を営む社長さんたちと懇談し、彼らが商売をしている地域でリース契約をしているスナックを巡るというのを何度か繰り返していたのだが、その初めての店が貴石だったのだ。

コロナ前で賑わうスナック「貴石」の店内。左から二番目の女性が、ママの市川真里さん（2018年10月30日、写真提供：アレックス・マーティン）

初めての武蔵新城行きは地元で代理店を営む五月女（さおとめ）社長（信栄商事）とご一緒し、第一興商の若い社員さんが車まわしをして、貴石のママ市川真里（いちかわまり）さんと新城の寿司屋でまずは会食をし、そのまま貴石、唄語り源山（げんざん）、りんりん……と、もはや思い出せないほど多くの地元のスナックを一晩で巡り尽くしたのも良い思い出である。

貴石の経営者・市川真里さんは一九六〇年、福島県出身の両親のもと東京都大森に生まれ、中学二年まで品川区の中延（なかのぶ）で育った。両親の離婚を機に荏原町（えばらまち）へ転居したが、母のスナックが経営に行き詰まって借金取りが自宅のドアを叩くようになってしまい、地元に居られなくなった母の代わりに父を頼って新城へと移り、そこに腰を落ち着けた。父も、その再婚相手である継母もよくしてくれ、地元の高校に通い喫茶店でバイトなどするなか、十八歳のときに地元の男性と出会い結婚した。結婚後「これからはラーメンだ」と思い、既存店で修行をしたうえで、家族四人でラーメン屋を始めた。しかし、二十年のときを経て離婚。それからの話が「貴石」という店名につながったのだった。最初に訪問したとき、「なぜこの店名なのですか？」と尋ねたところ、市川さんの二人のお子さんの名前いずれにも入っている「貴」という字と自分の旧姓の「石井」を組み合わせて「貴石」としたと聞いていたのだが、じつは以下のような深いわけがあったのだった。

離婚後、子どもの一人は元夫と暮らしていたが、真里さんの子どもとそう違わない年頃の女性と再婚し、再婚相手との間にできた子どもの名前を新装開店したラーメン店に付けてしまったのである。その当時、お子さんのうちの一人は元夫と同居していただけに……。初めて聞いたときには、よくある話かなと思っていた店名の由来には、親として子を思う複雑な心情が滲（にじ）んでいたのだった。

貴石の開店は二〇一一年。奇（く）しくも同年の三月八日に店舗契約をし、三日後の三月十一日に東日本大震災が発生した。本来なら五月のゴールデンウィークあたりには開店の予定だったが、店舗工事のための資材の搬入なども滞り、六月になって、ようやく開店に漕ぎ着けたのだった。波乱の船出である。

当初は後輩や親戚など五人ほどの体制で始めたのだが、震災の影響で営業を開始できない期間、地元のつながりで中村源山さんの営む近所のカラオケバー「唄語り源山」で修行を兼ねて従業員こぞって働かせてもらったりもしたのだった。この「唄語り源山」、じつは私自身も何度も行ったことのある店である。こちらは男性のみで営業している店で、経営者の中村さんをはじめ、ノブさんなど惚れぼれとするような男ぶりのうえに、とにかく皆、歌が超絶に上手く、この店はその名の示すとおり、歌を思い切り楽しむところとなっている。

カラオケバー「唄語り源山」の看板

私のなかで武蔵新城のスナックとカラオケは切っても切れない関係にある。そもそも店を知った経緯（第一興商／DAM絡み）もさることながら、とにかく新城に行けば私は歌いに歌うからである。残念ながらコロナ下で事情があってやめてしまった、かつて貴石のスタッフとして重きをなした、素晴らしい歌声のフィリピン人のヴィーさん。真里ママが大好きな矢沢永吉を情感豊かに熱唱する常連さん。歌にまつわる思い出の多い地なのである。

❖ ニーチェの「語らず、歌え」の意味

余談ながら、われわれはなぜ、歌うのだろうか。昔、一世を風靡(ふうび)した思想家・丸山圭三郎が『人はなぜ歌うのか』(飛鳥新社、一九九一年)という本を出していたのを思い出す。この本は、人が歌うことに関する思想家らしい哲学的思索がなされたものなのかな?……と思ったら大間違いで、じつのところどうやったらカラオケが上手く歌えるかを泥縄式・無手勝流に論じた「奇書」なのである。ただ、終章でニーチェを引きながら「語るより歌え! 歌をたぎらせ溢(あふ)れさせよ!」と絶叫に近い筆致で結んでいるところだけは目をひく。

「語らず、歌え」はニーチェの言葉として時おり紹介されるが、おそらく『ツァラトゥストラ』第三部「快癒(かいゆ)に向かうもの」の一節を変形し標語化したものであり、丸山の昂揚(こうよう)した気まぐれによる引用は、おそらくその内容をあまり正確には反映していないものである。『ツ

アラトゥストラ』の該当部分では、動物たちが〈永劫回帰〉の歌を歌い、ツァラトゥストラに対して「もう、語るのはやめろ」と告げる。永劫回帰とは「一切が現在あるものと少しも違わない形と順序のまま、無限の時間の流れのうちで、無限回繰り返されること」だ。[1]「歌」は、この永劫回帰を受け容れる無前提かつ完全な自己肯定なのである。しかし、わざわざニーチェを引いてこずとも、そもそも「歌」とは、そういうものなのではないだろうか。そうでなければ、（私自身も含め）人びとは客観的な巧拙を度外視し、あれほどまでに陶酔して人前で歌うことはできないはずだろうから。

❖ 武蔵新城という街の温かさと力強さ

本題に戻ろう。以前、貴石を紹介してくれた第一興商の山根さんが「あそこの店は本当にスゴくて年商一億円あるんですよ」と言っていたのを思い出し、本稿取材時、その話を真里さんに振ったところ「またそんな冗談を！」と大笑いしつつも次のような話をしてくれた（山根さんらしい冗談だ）。

とにかく新城はお客さんやお店同士での付き合いが深く、店が終わったあとにもしょっちゆうお客さんを連れて他の店にお邪魔したりする。そのときはお客さんにはお金を出させず、こちらで支払いをするので、儲かるどころの話ではないのだと。いつも、その日の売り上げをビニール袋に突っ込んで新城の夜の街に出かけ「宵越しの金はもたねえ」とばかりに呑み歩く姿が地元で有名になってしまったくらいだと苦笑する真里さんなのであった。

市川真里さんの還暦祝いの花々

いつ行っても貴石が大繁盛なのは、日々のこのような濃厚な地域でのつながりがあってこそのことなのだろう。

武蔵新城は本当に飲食店の多い街で、以前、何かの雑誌の特集で、南武線で最も飲食店の数が多い街と書かれたこともあったそうだ。バブル期には八〇〇軒のお店があったともいう。貴石の常連さんたちを見ている限りでは、スーツで呑みに来る人はあまりおらず、経費ではなく自腹で呑む地元の人たちが多い印象だ。他のお店から呑みに来ている同業者の姿もよく見かける。

新城の地元のつながりを感じさせる出来事がコロナ中にあった。二〇二一年十月、真里さんの還暦祝いの誕生日、夜七時の口開けちょうどに店のドアを開くと店内には数人の先客がすでにおり、店中がお祝いの花で溢れかえっていたのだった。

この日は、地元のお客さんたちが次から次に店を訪れ、扉を閉めるいとまもないほど次々に祝花の配達がやって来て、店は大盛況だった。少しでも多くの人が入れるようにと、皆が気遣い合っていたので、私もその例に漏れず、お祝いを渡し短い時間で辞去したが、コロナ以降、本当に厳しい状況が続いて来た夜の街で、このように一つの店を皆で支え盛り上げようとする光景に、しみじみと感じ入ったのだった。

せっかくなので同席していた貴石のOGの木下真里さんが独立して開いた「MARIKO」という近所のスナックにも寄ったのだが、「貴石で働いたからこそ、水商売に縁のなかった自分も、こうして同じ武蔵新城で店をやることになった」という言葉を聞き、この街の温かくも力強いつながりを再確認した夜でもあった。

❖ 自生的秩序としての夜の街

夜の街の強い横のつながりをもつ新城について考えるとき、私は夜のまち研究会のメンバーでもある飯田泰之さん（経済学）から教えてもらった「エコノミックガーデニング」という話を思い出す。地域経済を「庭」に見立て、地域という土壌を活かして地元の中小企業を「植物」のように大切に育て、もって地域経済を活性化しようとする政策のことだ。

これは企業誘致という「水源」は枯渇しつつあるなか、地域の生存と繁栄は地元企業の成長と雇用創出にかかっていることを前提にし、お互いがお互いのことをよく知っている緊密で小さなグループによる「弱い紐帯」を重視するものである。詳細で正確な説明は山本尚史『地方経済を救う　エコノミックガーデニング』（新建新聞社、二〇一〇年）に譲りたいが、そのなかで次のような目を惹く一節がある。

「国家がつくる地域開発計画に基づいた政策なのではなくて、地域に存在するさまざまな潜在的な成長力を活性化させる政策……（中略）……地域経済を一種の『生態系』あるいは

『有機的なシステム』として捉えている。つまり、『こうすれば、こうなる』という機械的な因果関係を前提としていない」〔同書六一頁〕

コロナ下でずっと思ってきたことではあるが、不要不急のものとしてスナックをはじめとする飲食店を締めつけ続けてきた帰結として、本稿で描き出している新城のような横のつながりをもった夜の街という生態系は決定的に損なわれてしまうかもしれない。一度損なわれたものは、そんなに簡単に再建できるのだろうか。

先述の「こうすれば、こうなる」的な機械的因果関係を前提とした都市計画などは、夜の盛り場の成立とはまったく無関係なものである。ノーベル経済学賞の受賞者フリードリヒ・ハイエクは、人間の行動の結果ではあるが人間の企図（計画）の結果ではないもの、人間の行動の意図せざる諸帰結として「自生的秩序（spontaneous order）」という概念を提唱したが、新城がそうであるようにさまざまな店が草花のように繁茂する庭園としての夜の街は、巧んで計画して創り出したりできるものではないのではないだろうか。

◈コロナ下三年目を迎えて

二〇二一年の緊急事態宣言下、そもそも夜の外食自体をしない生活が一月以上続いていた頃の話。夜に起きていなければ呑みに行きたいという気持ちとも無縁になるだろうと、夜九時に寝て、朝五時に起きるという修道僧のような生活をしていた。

そんななか、真里さんから、私の地元のスナックが昼間にやっているカレーを食べに来たいという知らせをもらった。貴石もこの間ずっと休業しており、誰とも会わない生活が続いていることもあって、気分転換も兼ねて私の地元に来るというのだ。じつのところ路線的にもほとんど往来のない地域同士なので「降りる駅を間違えた」と待ち合わせ時刻に連絡してきたくらいだったのだが。

昼間、私の地元にやってきたママと地元のスナックでカレーを食べながら、アクリル板ごしではあるが久しぶりに歓談でき、お互いに気分を緩ませた。少しだけ私のボトルを出してもらい一緒に水割りを呑んだが、「やっぱりスナックの雰囲気ってホントにイイわよねぇ」と言う真里ママに対して私の地元のママも「本当にそうですよね……」と、しみじみと返していたのだった。そんなスナックを含む夜の街そのものが危機にさらされ続けて、とうとう三年目を迎える。先に述べたように「夜の庭」でもあり、「自生的秩序」でもある夜の街、何とか守り切りたいものである。

最後に一つだけ。私はいまこの原稿を書きながらある人のことを思い出している。ここまで何度か登場した山根広嗣さんだ。

初めて貴石に行ったあと、私と山根さんとは何度もの夜を楽しんできたが、第一興商でバリバリの営業畑を歩んできて、全国津々浦々（つつうらうら）のスナックを知り尽くした彼に一度「山根さんにとっていちばんのスナックはどこですか？」と聞いたことがある。そのとき、彼は即答で「武蔵新城の貴石ですね」と答えたのだった。彼とは多くのスナックを巡りカラオケも共にしてきたが、残念ながら二〇一八年に重い病を得たことをメールで知らせてくれ、同年十一月に和歌山駅前で会ってからほどなくして世を去った。山根さん、ありがとう。貴石の看板にはいまも灯が入ってますよ。

取材日：二〇二二年二月二十一日（月）

1：ニーチェの解釈については、名著・永井均『これがニーチェだ』（講談社現代新書、一九九八年刊）などを参照されたい。

第五章

甲府という桃源郷

山梨県甲府市

❖ 甲府の秘密スナック

荒井由実の一九七六年の楽曲「中央フリーウェイ」、私がカラオケでもっとも好きな歌の一つである。曲中では、荒井が都心でのデートから八王子市の実家（荒井呉服店）へと帰る道すがらの風景が歌われている。最初に出てくる「調布基地」は、もともと禁闕守護にあたる飛行第二四四戦隊を擁した旧軍の飛行場だったが、終戦とともに米軍に接収され、一九七三年の返還まで米軍管理下の「基地」だった。その先、府中市で左手にサントリーのビール工場、右手に府中競馬場を見ながら、車は「夜空へ続く滑走路」のような中央自動車道を「山」へ向かってゆくが、今回の舞台、山梨県甲府市は、この山のあなたにある。

山に囲まれているにもかかわらず「ヤマナシ」であるのは、律令制下の甲斐四郡の一つである「山梨郡」に由来し、古くは『和名類聚抄』に「夜萬奈之」とも訓じられている。本居宣長によるなら旧国名の「甲斐」は山々の「峡」に由来しているとのことであり、こちらのほうが名は体をよく表しているかもしれない。

冒頭の中央フリーウェイをひた走って山峡を抜けると、あるとき突然、甲府盆地が目の前にひらけてくる。春四月の頃に眼前に出現する桜と桃の花が咲き乱れる甲府盆地の風景は、まさに桃源郷とも言うべきものである。

関東近県への旅行は、平野から平野のひたすらに平らかな道ゆきで、後ろに残してきた日常と一体どこで切れたのかも曖昧なままに目的地に達してしまうが、甲府行は山越えのこの道中こそが旅情をかき立てるのだ。

そんな甲府に馴染みのスナックがある。いわゆる「裏春日」界隈の「みかづき」という店だ。この店とのなれそめ？は、かなり変わっていて、最初に店を見つけたのは年長の友人、田尻邦夫さん（元デサント社長）だった。彼が甲府に行った際、ふらりと入った蕎麦屋で食事をしながら、このあと近所でゆっくり呑めるところはどこかないかとたずねたところ紹介されたのが「みかづき」だったのだ。

甲府駅前の武田信玄像

スナック「みかづき」のロゴ

ただ、このスナック、通りに面した外には看板を出しておらず、電話帳やネットにも店の詳細は出していないため、田尻さんは蕎麦屋の女将さんに連れて行ってもらい、何とか入店できたのだが。

爾来、「甲府に秘密スナックがある」と友人間で話題になり、私も興味をそそられて訪ねてみたのだった。初めての訪問時は（後述の「徳川の脱出路」とは真逆を辿り）静岡市での仕事が終わったあと、東海道本線で富士駅まで行き、そこから身延線を北上して甲府駅に至ったのだった。

まずは蕎麦屋に立ち寄り、お約束の女将さんの手引きにより店に辿り着いたのだが、これは独力では探し当てられない……と納得した。秘密スナックである。ドアを開けると端正な店内で、カウンターの奥の酒棚にはウィスキーの「白州」がズラリと並んでいるのが目に入ってくる。南アルプスの山麓、山梨県北杜市にあるサントリーの白州蒸溜所でつくられた地元の酒だ。こういうふうに綺麗に酒の種類が揃った棚というのは気持ちのよいものである。

筆者のボトル

「みかづき」のママは光さん。甲府市内で生まれ育ち、高校のあとは市内で住み込みの仕事を始めた。光さんによるなら、当時のその職場は景気が良く、学歴などは関係なく頑張ればそれなりの職場での地位と収入もあったので、仕事に没頭した。

二十三歳くらいまで、そこに勤めたあと、将来のことを考え資格をとって半年だけ別のところで働いてみたりもしたが、「自分に向いているのは、やはり接客業だな」と思ったという。その後、結婚し、子育てをしながら販売の仕事などもして月日が流れたが、三十代後半に自分の店をもとうと思い立ち、二〇一六年二月七日に「みかづき」を開店したのだった。

最初は、先に登場した蕎麦屋のすぐ近くに店を構えたのだが、風俗店が多い場所で治安に難があったため、一年ほどで場所を移り、現在のところでひっそりと看板も出さずに営業している。お客さんは紹介や口コミで来る人がほとんどだという。

じつのところ、この店、これまで水商売の経験は一度もないところから徒手空拳の出発で、開店したての頃はハイボールのつくり方もわからないほどだったのだ。お客さんから「ママ、まずは炭酸水を買って来るんだよ」とさえ言われていたくらいと笑って話すのだった。普段の生活では人見知りでさえあるが、「自分の箱」である店に居場所を定めるとお客さんとの会話は楽しく、これこそ自分の天職だと思っている。

光さんは酒が呑めないのだが、それでも、いやそれだからこそ、この商売は楽しいという。一度、彼女と話しているときに「酒の力は恐ろしい」という話になったことがある。カウンターの中からシラフで見ていると、本当にその人の素が酒によって露わになるというのだ。ただ、「チャンとした人は呑んでもずっとチャンとしているのよ」とのことではあったが……。

❖山梨県の健康寿命を支えるもの

私にとって甲府はもう何度も訪れた馴染みの街だが、この土地はほかにはない独特な風土があるように思う。山がちな内陸であるにもかかわらず、山梨県の人口当たりの寿司屋の数は全国一位、マグロの消費量も全国二位（一位は静岡県）というのには驚かされるが、これを支えているのは、海なし県ゆえの海産物への憧れだけではなく「無尽」の存在であるようだ。

無尽とは古くは相互扶助を目的とする民間金融の仕組みだったのだが、いつしか飲み会や旅行などを目的として積み立てをするものへと変質して今日に至っている。山梨では、本当にそこらじゅうで、この無尽が開催されているのである。甲府の飲食店で話を聞くにつけ、この無尽（の二次会）がなければ商売あがったりとのことだった。

じつは山梨県の「健康寿命」は男女ともに過去三回の調査平均で全国第一位なのだ。健康上問題なく生活できる（介護や支援を必要とせず日常生活に制限のない）自立期間が、それだけ長いということを意味している。それは歳をとっても無尽の集まりでいろいろなところへ出かけてゆき、さまざまな人と会うのが日常になっているからではないかとある地元の経営者が話していたのが、とても印象に残ったのだった。

政治学者のロバート・パットナムは『哲学する民主主義（*Making Democracy Work*）』（邦訳、

NTT出版）という本のなかで「社会関係資本（social capital）」という概念を提唱している。ざっくり言うと、人びとのつながりを支えるような仕組みが、市民的活動（デモクラシー）を効果的に活性化させるという話だ。ある種の組織化された相互扶助である「無尽」は、まさにこの社会関係資本であると言えるだろう。

近年では、このような社会関係資本が社会における健康規定要因となっているという研究も盛んに行なわれているが、山梨県の健康寿命は、それを証明するものであるようにも思われる。

❖「脱出路」としての甲府への道のり

コロナ禍が始まって以来、東京では「まん防」だ「緊急事態」だと夜の街が抑えつけられ続けてきたが、山梨県は県独自のグリーン・ゾーン認証制度などを活用して上手くコロナを抑え込み、ごくごく限られた期間を除いて、休業や時短の要請もなく夜の街を継続してきた。

私が住む多摩地域からだと、中央道上の停留所から高速バスに乗り込めば、一時間半程で甲府駅前なので、東京で呑めなくなっても、いざとなれば後述の「江戸幕府にとっての甲州街道」よろしく「甲府まで脱出すれば生ビールにありつける！」と甲府を「お守り」のように思って、この間を過ごしてきたのだった。

冒頭で「桃源郷」へと至る道として紹介した甲府への道のりだが、すでに何度か触れたとおり、じつは「脱出路」としての色彩も帯びている。中央自動車道とほぼ並行して走るかつての五街道の一つ「甲州街道」の成り立ちが、それをよく表している。

他の四つの街道とは違い、甲州街道を参勤交代で利用したのは高遠藩・飯田藩・高島藩くらいのもので、大名行列の往来は少なかった。むしろ、この街道は脱出路としての使命を担うものであり、江戸城の一旦緩急の折には、将軍は「半蔵門」（街道の起点）から服部半蔵と配下の伊賀組の導きで脱出し、四谷から新宿（百人町）にかけて「鉄砲百人組」と合流する。さらに街道を西に向かった先で「八王子千人同心」を従え、徳川直轄の甲府城に入ることを想定していたという。その先は富士川などを使って南下し、駿府城で態勢を立て直し反転攻勢に出る、という算段である。

二〇一一年の震災とそれに引き続く原発事故、あるいは二〇一七年に度重なる北朝鮮のミサイル発射でJアラートが鳴り続けていた際など、万一、東京に何か起きたときにどうやって「脱出」したものか、と地図を仔細に眺め、国道二〇号線（甲州街道）で甲府へ、そして中山道へと至る甲州（裏）街道で塩尻まで到達し……などと埒もないことを考えていたのを思い出す。

ほまれ高い甲州ワイン

コロナ下の営業規制で外では酒を呑めなくなったため、私は長らくやめていた家呑みを再開したものの、せっかくなのでとコンビニではなく近所の酒屋で酒を買い始めたのも、脱出路の先にある甲府への憧れをいや増させた。飲食店は補償があるが、食材や酒を卸すところには何の補償もないので、せめて近所の個人商店でと思い、たまたま手にとって気に入った瀟洒なラベルの「グリド甲州」や「グレイス甲州」（いずれも中央葡萄酒）などを呑み始めたのだった。

じつのところ甲府は手頃な値段で非常に美味しいものが食べられる街であり、いくつかの店は、都内で最高水準の店とも遜色がないだろう。都内で修業した気鋭の若手料理人が開く店も少なからず存在する。実際、甲府の知り合いに紹介された店にハズレはなかった。

甲府でお気に入りの料理屋である「和食あかざわ」(ここに行くためだけに甲府に行く価値さえある)で以前、先述の中央葡萄酒がつくった傑作のほまれ高い「三澤甲州グレイス二〇二〇」のボトルを開けた際、お運びさんの女性が「あ、嬉しいものをお呑みですね。私、このワインの葡萄のナイトハーベストのアルバイトしていたんですよ」と言われたことがあった。ナイトハーベストとは、葡萄の糖度が上がる気温の低い夜間の収穫(夜摘み)を意味している。

甲州のワインづくりの歴史は古く、その一端を中央葡萄酒(グレイスワイン)の経営者親子が記した、三澤茂計(しげかず)・三澤彩奈『日本のワインで奇跡を起こす』(ダイヤモンド社、二〇一八年)を通じて知ったが、その歩みは驚きの連続するサーガであり、このような苦労の末に産み出されたワインに地元の人びとが誇りをもっているのは、とても好ましいことだと思われた。私自身、近傍(きんぼう)でこのようなワインがつくられていることを勝手ながら誇らしく思ってしまうほどだ。甲州ワインはコロナ禍の下での大いなる慰(なぐさ)めとなった。

❖ 夜の街の苦境

そんなコロナ禍にも飽き果てた頃、「みかづき」が五周年を迎えることもあり、ちょうど仕事上の必要もあった二〇二二年二月初旬に甲府を訪問したのだった。お祝いの花束を持って行ったが、なにしろコロナで暗い雰囲気のなかだったので、とても喜んでもらえた。その日は日曜で休業日だったのだが、せっかくの機会なのでと店を開けてくれ、貸し切りになったのだった。同行した友人ともども楽しい時間を過ごした。

ママが言うには、甲府は「まん防」も出ていないので認証店は通常どおりの営業ができるが、そもそも夜の街に人が歩いていないのである。ある週などは一週間通しで一人しかお客が来ないときもあって、さすがにこれには耐えかね、週明けからはしばらく店を完全に休業にしてしまおうかとさえ考えているとのことだった。甲府の夜の街には欠くことのできない無尽も、もちろん開かれていない。甲府に限らず、二〇二二年二月の夜の街の苦境は、コロナ禍が始まって以来、最悪のものといっても過言ではないだろう。

じつは私がこれほどまでに甲府に興味をもつようになったきっかけは、二〇一一年に封切られた富田克也監督の映画作品『サウダーヂ』にまで遡る。この映画は、甲府とその周辺を舞台とした建設労働者、日系ブラジル人、タイ人ホステスなどが織りなす群像劇であり、格差社会や移民の問題を早い時期から鮮烈に描き出している紛れもない傑作である。

映画のなかでは甲府市内の街並みが全編を通じて登場し、シャッター街となってしまった商店街や歓楽街の様子も、観た者の印象に強く残ることとなる。初めて甲府の街を訪れた私は、映画のなかに出てくるロケーションを夢中で回り（聖地巡礼のようなものか）、鮮烈な印象を残したシーンを真似て、わざわざ岡島百貨店の屋上から裏春日の街並みを望んで映画の台詞を呟いたりしていたのだった。

「みかづき」の店内とママの光さん

この映画は監督の意向によりＤＶＤなどのかたちで流通していないため映画館で観るしかないのだが、一〇回以上も観賞した私は、いつの間にか作中の甲府の街並みに異常な親近感を抱くようになっていたのだった……。そうしたところから始まった甲府との付き合いが、いまのこのような知己(ちき)も多い馴染みの土地への訪れへと変わることになるとは思いもしなかったが、それは嬉しい誤算でもある。

最後になるが、店名の由来について。店名の「みかづき」は光ママが、早逝(そうせい)した兄の葉月(はづき)さんの名前から一文字をとりたかったのと、夜空に浮かぶ三日月を見るたびにお店を思い出してもらえるかなと思ってつけたものである。いまこの原稿を深夜に書き終わろうとしているが、空には本当に三日月が浮かんでいる。今夜は晴れているが、空に浮かぶ月の光は滑走路のような中央道を、そしてその先にある甲府の夜の街も照らしていることだろう。

取材日：二〇二二年三月三十一日(木)

1：今回の取材に関しては、時事通信甲府支局長の蜂谷信雄さん、山梨中央銀行会長の進藤中さん、フォネットグループ代表の清水栄一さんに大変お世話になったことを伏して記しておきたい。

第六章

小倉で戦争を想う

福岡県北九州市

◈ 森鷗外が住んだ街

北九州市の小倉。子どもの頃、毎年お盆になると訪れていた街だ。小倉北区下富野の徳蓮寺というところに墓参していたのである。墓碑銘は「井上家累代之墓」。子どもながらに誰の墓だろうと思っていた。父はずっと「昔お世話になった人のお墓だから」と言っていたが、私が高校生、弟が中学生になった折に、それが我々の本当の祖父・井上真治の墓であることを知ったのだった。

じつのところ私の母も、小倉のすぐ隣の八幡生まれで、板櫃川沿いの八幡東区の荒生田で呉服屋を営んでいた母の実家にも夏休みなどに、小倉経由でよく訪れていた。ただ、いずれにしても親に伴われた子ども目線での街の記憶であって、これらの地域の「夜の街の記憶」は、私自身が四十路を越えるまではなかったのだが。

就職や進学などで故郷の街を離れた人は、案外、自分が生まれ育った街の夜の姿を知らなかったりするものだが、私にとっての小倉も、そういう街だったのである。

令和四年二月二十一日早朝、羽田空港から福岡空港へ。ターミナル待合室のテレビに、ロシア連邦大統領ウラジーミル・プーチンがウクライナ東部の二つの「親露派」地域の独立を宣言する映像が流れていた。ロシア連邦によるウクライナ侵略の開始が宣言された瞬間である。七年前の十一月半ばの早朝、同じく羽田の国際線ターミナルでジャカルタ行きの便を待っていた際、出発便の搭乗ゲートでパリ同時多発テロの発生を知ったのを思い出した。隣のゲートがパリ行きだったため騒然とした雰囲気だったが、奇しくも騒乱の始まりを知らされる空港のターミナルである。

福岡空港からは、地下鉄と在来線を乗り継いで一時間半強で小倉駅だ。いま少しで小倉駅へと至る左手に、我が祖であるとも伝え聞く井上周防守之房のかつての居城・黒崎城址が雨に煙るのが目に入り、車窓の外を通り過ぎてゆく。

小倉駅前、魚町銀天街のアーケードへ入って行く手前の目立たぬところに「森鷗外京町住居跡碑」がある。至近にある二階の喫茶店「パリ」の窓際の席に座ると、碑の斜向かいの「シロヤベーカリー」の行列と、誰にも関心を払われずひっそりと佇む碑との対比が際立つ。鷗外が少将相当の軍医監・陸軍第一二師団軍医部長として左遷された小倉の街で初めて住んだ家の跡だ。

その後、鷗外は現在では小倉随一の歓楽街となっている鍛冶町に居を移し、小倉を離れる

までをそこで過ごした。小倉駅を背にモノレールに蓋をされ薄暗い平和通りを南下し、勝山通りを越えて次の角を少し細い道に入ろうとすると、足下に矢印とともに「210m　森鷗外旧居　約4分」という表示が現れ「鷗外通り」が旧居まで続いている。

この鷗外旧居の周りに広がる鍛冶町を日暮れ後に初めて訪れたのは六年前（二〇一六年）の歳末で、私は四十三歳にしてようやく小倉の夜を知った。その日はとくに何のツテもなく鍛冶町を歩きまわり、私にしては珍しく飛び込みで二軒のスナックに入った。一軒目は、二十代の若い人たちであふれる店で、あまりの狂騒にたじろぎ早々に辞去したのだが（しかし、少しも悪い感じは受けなかった）、二軒目は落ち着いた店だったので、しばらくそこで腰を据えて呑んだ。

小倉はかつて暴力団の抗争などで、かなり荒れた時代もあり、その頃の話を店のママから昔語りに聞いたりもした。曰く「当時の夜の鍛冶町の路上を歩いていたのは、お客さんよりも全国から集められた警官のほうが多かったくらいなのよ」と。

まん延防止等重点措置下でシャッターを閉め、あるいは閉業した店も目につくなか、暗く閑散とした鍛冶町でこの二軒を探してみたが、いずれも見つけることはできなかった。

◈ 松本清張作品から漂う小倉の雰囲気

今回、小倉の夜の街に出る前、日中に紫川を鷗外橋で渡って小倉城を通り抜け、松本清張記念館も訪れた。清張は小倉出身だが、四十二歳という遅咲きで『西郷札』が直木賞候補となり、四十四歳で『或る「小倉日記」伝』が芥川賞を取って本格的に世に出た。その後、四十七歳で専業作家となり、以後、八十二歳で没するまで旺盛な執筆活動を行なった。

記念館に入ると、最初に目に入るのは巨大な壁面に敷き詰められた夥しい数の彼の本の表紙で、その数は七〇〇冊になんなんとする。コロナ下の平日の昼下がり、自分以外は誰も

鉄の橋（紫川橋）

居ない記念館で、私はその壁の前にしばらく立ち尽くした。齢（よわい）五十を目の前にした私にこれから、それだけのものを書くことができるだろうか。

松本清張記念館を出た私は、鷗外橋よりもさらに上流へと南に歩を進めた。そこには通称「鉄の橋（紫川橋）」があるが、かつて戦時中には陸軍橋と呼ばれていた。その橋の東岸、現在の馬借（ばしゃく）付近（当時の大正町）に父の生家である井上鉄工所があったのだ。

祖父たちが歩いた小倉の夜の街は、どのようなものだったのだろうと思いながら、私はぼんやり川面（かわも）の向こうの風景を眺めていた。そう、冒頭で記した毎年の小倉墓参の話にもあったとおり、私は長じるまで父が小倉生まれであることを知らなかったのだが、彼の生家は、そこにあったのだった。松本清張と同じ、天神島小学校に通ったという。

清張の出世作『或る「小倉日記」伝』は、鷗外の『小倉日記』をめぐる物語である。私はかねてより鷗の小倉滞在時、彼が通った料亭の一つが私の縁者の経営していたものと仄聞していたので『小倉日記』を二度ほど仔細に通読したが、ついに日記中にその料亭の名前を発見することはできず、落胆した。名を「津田倉」と言う。

かつては小倉の三大料亭の一角をなすと言われていたそうだが。その話を今回の旅の主目的である小倉での講演で話したところ、地元で老舗料亭「鳥いさ」を営む中野里映さんから、かつて津田倉とは深い付き合いがあり、津田倉に婿入りした私の母方の祖父の兄を知っているという話を聞き、思わぬ縁に驚いたのだった。

清張は四十代までの人生の前半を過ごした小倉の街に絡めて、短いながらも(一八九九年六月からの二年九カ月)同地に滞在した鷗外についていくつかの作品を書き残している。そのなかの一つ『鷗外の婢』という虚実ないまぜの小説はじつに興味深い作品である。

作中では、『小倉日記』に出てくる鷗外の婢(住み込みの家政婦)たちのことが綿密に描き出されている。前妻と離縁し独り身だった鷗外は身の回りの世話のため婢を雇うのだが、これが次から次に悪さをし、淡々と綴られる『小倉日記』のなかでは異彩を放っている。

住み込みであるのに情夫のところに外泊する、盗癖がある、あげくの果ては柿を庭に食い棄てるのを鷗外に咎められて開き直り、自分は鰥夫のところにしか婢として入らない、なんなら都督様（鷗外の上司の師団長）のところに婢として住み替えてやるなどと啖呵を切るような婢さえ出てくる始末なのである。

帝国軍人（少将相当官）に対する婢たちの狼藉三昧、もはや笑ってしまうのだが、近傍に官営八幡製鐵所の開業（一九〇一年）を目前に控えて近代の出発点に立ったばかりの小倉の雰囲気、そこに住まった人びとの気風が、この物語を通じて活き活きと伝わってくる。

❖うどんとともにある思い出

鍛冶町で呑む前に私は魚町銀天街を南下して「資さんうどん」で夕餉をとった。よくダシのきいた少し柔らかめの麺の肉ごぼ天うどん。東京では中々お目にかかれないシロモノで、じつのところ私は九州を含む西日本へ出掛けるたびに、必ず一食はダシのきいた澄んだ汁のうどんを食べる。これはもう民族的な何かのようなものである。よくスナックで私は「たま

「資さんうどん」の肉ごぼ天うどん

たまローマ（九州）から来てゲルマニア（関東）に駐屯してるだけ」と冗談を言うが、じつは本当にそう思っている。

母がしきりに「資さんうどん」を懐かしがっていたが、うどんを啜(すす)りながら私は大西巨人の『神聖喜劇』（光文社刊、全五巻）を思い出していた。九州帝国大学の法科に学んだ主人公・東堂太郎(とうどうたろう)が、陸軍刑法から被服手入保存法まであらゆる法規を盾にとり、徹底的な軍隊内合法闘争を挑む戦争小説の金字塔である。

松本清張も、この小説の出版には尽力し、第一巻のオビに次のように書いている。――「主人公は一種の『超人』だ。絶対服従の軍隊のなかで、稀代(きだい)の記憶力と理論を武器に、いかに上長と機構に向かって闘ったか、各兵の過去と思想とを織りまぜ、ときにユーモラスな場面をまぜながら、繊細な陰影で展開してゆく。現代社会を象徴した小説である」と。

この小説の重要登場人物のひとり冬木（ふゆき）が、作中、まさにこの近辺でうどんを食っていたのを思い出したのだった。冬木はその出自をめぐり内務班で困難な立場に置かれ、東堂が名探偵よろしくその雪冤（せつえん）を果たすのだが、彼がうどんを食うついでに恋人に会いに通っていた店が、設定上、二〇〇〇年まで北九州市内を走っていた路面電車・西鉄北九州線の日明電停の近くだったのである。昔、この小説を読んでいるとき、「あぁ、この線路の先は母の実家の真ん前にあった荒生田電停へと続いているな」と、ありありと、その風景が浮かんだものだった。

上官からの下問に対し「鉄砲は……前とかうしろとか横とか向けてよりほか撃たれんとじゃありまっせん。上向けて、天向けて、そりゃ撃たれます」と、はからずも高らかに非戦思想を叫んでしまう冬木、そして「皇国の戦争目的は殺して分捕ることであります」と躊躇（ちゅうちょ）なく「怪答」し上官を狼狽（ろうばい）させる冬木の同輩の橋本。うどんを食いながら、まこと戦争とは「あってあられんごたぁある」[1]（大前田文七（おおまえだぶんしち）軍曹）ものと、独りごちたのだった。

◈ 戦争と距離を置いた藤原定家

鷗外の旧居のちょうど裏手に今回訪れたスナックはあった。岩下幸夫さんが晴代さんと夫婦で営む「恋人」という店だ。一九八二年の開業以来、四十年のあいだ、鍛冶町に灯(あか)りをともしてきた。岩下さんと初めて会ったのは二〇一七年、私が東京の民商の集まりで講演をしたときだった。講演のあと、目白のスナックで他の聴衆の人たちと一緒だったのだが、岩下さんのことは印象に残っていた。

まん防下、私だけのために開けてくれた店内で、岩下さん夫妻と三人で、しばし歓談した。カウンターの背面を全面鏡張りにしてゆったりとした雰囲気の店内はじつに好ましく落ち着く雰囲気で「あぁ、これこそがスナックだよなぁ」という心もちがしつつも、同時に祖父や父たちがかつて居たこの夜の街に居る自分に不思議を感じたのだった。焼酎のお湯割りを呑みながら、私の父にまつわる小倉の街の昔の話や、それこそ現在進行形の戦争の話など四方山話(よもやまばなし)に花を咲かせたが、コロナによる営業の時短制限もあるので、早めに私は店を辞去し、まだ夜も浅い時間に宿泊先のホテルへ、寂しい街路を帰投した。

スナック「恋人」を営む岩下幸夫さんと晴代さん夫婦

投宿した小倉ステーションホテルの部屋の窓からは下関市の彦島と関門海峡が見え、その先は壇ノ浦へと続く。八百三十七年前にそこで行なわれた戦争に思いを致し、ユーラシア大陸の遥か向こう側で現在進行形の戦争に想念を重ねた。

毎日、戦争の話を見聞きするこの数カ月、ともすればあまりに生々しい情報に接しすぎ感情被爆のようにさえなってしまうような日々だが、時折私の脳裏には、源平合戦から承久の乱に至るまでの争乱の時代の真っ只中に記された藤原定家の言葉が浮かぶ。勅撰和歌集『新古今和歌集』選定の栄を担った歌人である。

定家は源平合戦開始の一一八〇年と承久の

乱が起きた一二二一年の二度、日記『明月記』のなかで「紅旗征戎非吾事（こうきせいじゅうわがことにあらず）」と記している。[2]「大義名分の下、朝廷の旗（紅旗）を押し立てて野蛮人を討つ（征戎）などといったことは自分には関わりのないことだ」という意味である。政治の究極の延長線上にある「戦争」に対する「文藝」の側からの局外的自律性の宣言とでも言おうか。

実際、定家は、源平合戦から承久の乱まで絶え間なく続いた武士たちの血みどろの殺し合いをよそに、新古今の「狂言綺語」の世界に耽溺しつつ、たかが、歌をめぐって後鳥羽院から勘気を被った、官途が立たぬなどと、深刻な殺し合いに明け暮れる武士たちからすれば、心底どうでもよいことに一喜一憂していたのである。

壇ノ浦の合戦の翌年、定家は「見渡せば花も紅葉もなかりけり浦の苫屋の秋の夕暮れ」という畢生の傑作を詠んだ。和歌の詠物である花鳥風月（花も紅葉も）を否定し、うら寂しい浜辺の漁師小屋の風景を「秋の夕暮れ」と蜿々たる余韻を含ませ体言止めするのである。

中東政治を専門とする池内恵（東京大学教授）が以前、次のようなことをツイッターで呟き、私はいたく心を打たれたが、そのとおりではないかと。——「私は文学は文学として独自に、価値があると思っています。ただそれが発揮されるのは一生に一度ぐらいしかない。

それ以外は見当はずれな方向に手を出して恥をかきまくる。それが文学者です。文学者が見当はずれなことを言ったら徹底的に恥をかかせなければならない。苦し紛れに輝くものです文学者は」と。

❖ 戦争は「あってあられんごたぁある」

最後に本稿冒頭に立ち戻るが、毎夏展墓していた墓の主である実の祖父は、太平洋戦争中、まだ私の父が乳飲み子のときに中国の海南島（かいなんとう）で戦死した。この墓の真実について告げられた日、私は率爾（そつじ）に思ったのだった。「そうか俺にもあの戦争は本当に関係あったのだ」と。

父は小学生のときに別府に後妻として入った母（私の祖母）と生き別れ、父にとっては叔父にあたる井上喜代治（きよじ）に養育された。しかし、その叔父もほどなくして世を去り、天涯孤独になりそうなところを、大分県別府市の母（私にとっての祖母）の再婚先である谷口へ連れ子として入ったのだった。

父はよく本を読む人ではあったが、本で埋め尽くされた書斎の棚には歴史と料理の本が過半を占め、文学書の類（たぐ）いはほとんどなかったように記憶している。一度「なぜ文学の本はそうないのか」と質したことがあったが、自分の人生にはあまりにも色々なことがありすぎて文学の想像力を借りる必要がないように思うからだ、と言われたことがあった。

ビデオレンタル全盛期、父はよく戦争映画を借りてきて観ていたが、主人公が華麗に敵兵たちを撃ち倒す場面を観ながら、あるとき何の気なしに「僕のお父さんも、こんな風にして殺されたんかなぁ」と呟いていたのは私の心に刻まれた。そう、戦争で人が死ぬというのは、とどのつまりが、そういう「あってあられんごたぁある」ことなのだと。

翌朝、父祖の記憶とともに漂った小倉を発ち、再び機上の人となった私は戦争のニュースが洪水のようにあふれるなか、家路についた。

取材日：二〇二二年二月二十二日(火)～二十四日(木)

1：北部九州の方言で「絶対にあってはならないこと」を意味する。
2：村井康彦『藤原定家『明月記』の世界』(岩波新書、二〇二〇年) などを参照。

第七章

雲伯、神々の国と鬼太郎のまち

鳥取県米子市・境港市、島根県松江市

ひとっ子一人居ないまち

二〇二二年四月半ばに米子(よなご)市・松江市・境港(さかいみなと)市と、鳥取・島根の両県をまたいだ旅をしてきた。今回初めて知ったのだが、この辺りを旧国名にちなみ「雲伯(うんぱく)」地方(出雲(いずも)と伯耆(ほうき)の混じり合った地域)と呼ぶそうだ。たしかに古代出雲の神話的世界では後述の「くにびき神話」にも見られるとおり、現在の県境を越えた文化圏のまとまりが存在している。

初っぱなからまったくの余談ではあるが、日本初の和歌とされる「八雲(やくも)立つ/出雲八重垣(やえがき)/妻ごみに/八重垣つくる/その八重垣を」はスサノオ詠とされているところ、この和歌にちなんだ地名である目黒区の「八雲」こそが私の勤務先である東京都立大学、発祥の地でもあり、不思議な縁も感じる。

雲伯行の初日、米子鬼太郎(きたろう)空港に降り立った。空港から米子駅前まで高速バスで四十分程度。雨の降りしきるなか、宿泊先のホテルに荷物を預け、数時間、米子の街を歩き回ったのだった。

駅前からバスに乗って高島屋・公会堂前で下車したが、まずは腹ごしらえに「とり料理さんぽう」で名物のドライカレーを頼む。いまだかつて食べたことのないフワフワの食感にいたく驚いた。じつは鳥取県、カレールウの消費量（正確には購入金額と購入数量の平均）が全国トップクラスの「カレー県」なのである。

カレーを堪能し終わった私は、雨の降るなか、米子一の歓楽街、朝日町へと歩を進めた。米子を知る友人から、朝日町は隣の松江市にある大歓楽街・伊勢宮町よりも店の数が多いと聞いていたのだが、人口比的にもにわかには信じられず（米子一四・九万人、松江一九・九万人）、ひとっ子一人居ない日中の朝日町を半信半疑で歩き回り、友人の言葉に誇張はないことを思い知ったのだった。

とにかく凄まじい数のスナックなどの夜の店が、細い路地の奥の奥までびっしりと続いているのである。そして、店の数以上に私を驚かせたのは、ほとんどのスナックのドアに貼られていた「一見客・県外客、お断り」の貼り紙だった。

❖ 夜の街の景況が厳しい米子

じつは事前にお隣・境港市の友人に米子でオススメのスナックのリストをもらっていたの

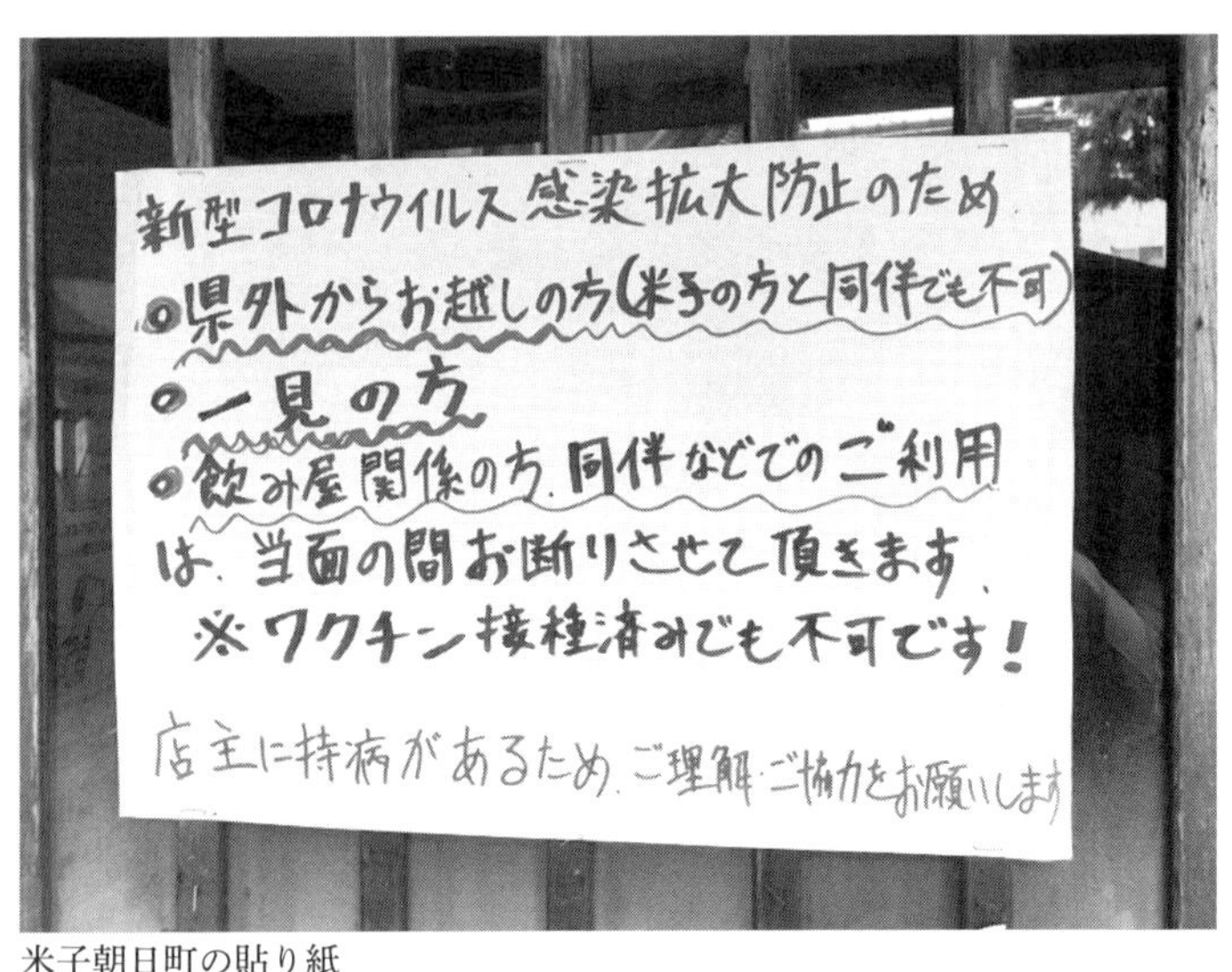

米子朝日町の貼り紙

だが、その多くが臨時休業や閉業になっていたのみならず、実際に目にしただけでも数十軒の店に貼られていたそれらの貼り紙は、真に衝撃的な光景だった。これまでコロナ下で地方都市を訪れた際にも県外客への警戒が見られたことは何度かあったが、ここまで厳しい状況を目の当たりにするのは初めてだった。

訪問時、すでに鳥取県でもコロナに関する規制の類いはすべて解かれ、東京から見ればなきに等しい数の感染者しか出ていない状態であったにもかかわらず、米子の歓楽街はそのような状態にあったのだ。

仲田泰祐准教授(東京大学大学院経済学研究科)らの研究によると、[1]日本は先進国のなかでも「コロナ死亡者を一人減少させるためにどの程度の経済的犠牲を払いたいか」という「支払意思額（WTP＝Willingness To Pay）」が突出しており、また日本国内でも地域によってWTPに極端な差があることがわかる（図表参照）。

今回訪れた鳥取県と島根県は四七都道府県のなかでも極度に突出した地域ということになるのだが、しかし実際に夜の街を歩いてみて、ここまでのことになっているとは……。

図表　各国・各都道府県の「コロナ死者を1人減らすために許容できる経済的犠牲」

順位	都道府県	WTP	国	WTP
1	島根	730.4億円	日本	19.52億円
2	鳥取	563.2億円	オーストラリア	11.68億円
3	秋田	134億円	カナダ	3.75億円
4	岩手	108.8億円	ドイツ	2.51億円
5	青森	101.1億円	米国	0.87億円
〜〜〜〜			イギリス	0.49億円
43	東京	5.6億円	ロシア	0.46億円
44	兵庫	5.1億円	フランス	0.3億円
45	北海道	4.3億円	インドネシア	0.26億円
46	沖縄	4.2億円	インド	0.11億円
47	大阪	4億円	ブラジル	0.04億円

仲田泰祐准教授らの分析による公表資料をもとに筆者が作成

その後、いったんホテルに戻り夕刻あらためて街に出たが、夕食をとった店、そのあとに行ったラウンジいずれもネットで調べ、ここなら何とか大丈夫かなというところに当たりをつけて電話確認し、ようやく入店できたのだった。

夕食には新鮮な鯖（さば）のしゃぶしゃぶや隠岐（おき）の島の牡蠣（かき）、そして猛者海老（もさえび）などを堪能したが、東京では信じられないような安い値段で美味いものが食べられる驚きの土地である。

食事後、朝日町の「香咲（こうさ）」というラウンジを訪れ、短い時間ではあったが夜の街を楽しんだ。ママが言うには、朝日町がわりと普通に平日の営業も再開したのは一週間前からで、それまでは「まん防」なども出ていないにもかかわらず土日の予約営業だけだったとのことだ。

大手酒販会社の営業がママに話したところによるなら、米子市は中国地方全体でも夜の街の景況が最も厳しいとのことだった。この朝日町を舞台にした『ヒマチの嬢王』（茅原（かやはら）クレセ、小学館、一六巻既刊）というマンガもあり、そのなかでは夜の街を基点とした地域の振興も描かれているが、一刻も早くコロナ禍（か）の影響から朝日町が解放されることを願うばかりである。

翌日、私はカレー県を存分に味わうためにも、いま一軒の米子の有名カレー屋「とんきん」を訪れた。この店、昨今流行（はや）りの本格的なスパイスを使ったインドやスリランカのものなどとは違い、懐かしい感じのさらりとしたタイプのもので、あとを引く辛みがじつに美味で、また食べたいと強く思わせるものだった。大当たりである、また行きたい。

❖「地の塩」として地元を支える人びと

翌日、私はお隣の島根県松江市へと向かった。特急に乗れば、米子からわずか二十分の距離である。松江では、ちょうど四年前の同じ日に講演で松江を訪れた際に知遇を得たIT企業を営む石﨑修二さん（オネスト社長）と、地元で開業している古津弘也弁護士たちと旧交を温めた。

人の縁とはまことに不思議なもので、石﨑さんとは四年前の講演のあと、私が喫煙所で一服していたときにたまたま居合わせ、「このあとの時間が空いているなら、松江の夜の街をご一緒しましょう」と誘われて以来の縁である。

その後、自伝的要素ももつ『地産外商』（山陰中央新報社、二〇二一年）という非常に興味深い本も出されているが、島根県を牽引するIT企業を一代でつくり上げた「アニマル・スピリッツ」には初めて出会って以来、感銘を受け続けており、この細長い日本列島には彼のような「地の塩」として地元を支える人びとがいることを知るのもまた、さまざまな土地を訪れることの醍醐味なのである。

今回の松江では、市内寺町の居酒屋にご招待いただいたのだが、じつは五十年ほど前、私の父がその辺りに住んでいたのだった。父は歯科医で、当時は西日本で国公立の歯科大・歯学部は二つしかない時代だったこともあり、医局から派遣されて、若いころ松江に一カ月ほど滞在したことがあったのだった。

当時は給料が本当に良かったらしく、いまの価値に直すと一〇〇万円くらいを月給でポンとくれたものだから、元来よく呑む父は、松江の歓楽街・伊勢宮町で呑みに呑んで、派遣期間の終わるころには、地元の人たちから松江で歯医者を開業してくれと懇請されたそうだ。

地元の人から接待である料亭に連れて行かれたら、父がすでに何度も通っていたところだったため、玄関先で「あら、谷口先生」と声をかけられ、地元の人から仰天されたという笑い話も聞いていた。

父は、大分県別府市の実家の歯科医院を継がなければならなかったので、松江での開業という期待に応えることはできなかったのだが、もし彼が松江に残っていたら、おそらく私はこの世に生まれていなかったわけだ。

父が最後に松江を去るときには、夜の街の人たちが大勢、当時の国鉄松江駅に見送りに来てくれたという話を子どものころから聞いていた。伊勢宮町は、私にとってはそのような聞

左から、筆者、石﨑修二さん、古津弘也さん

き覚えのある街なので、行くたび、半世紀前に青年だった父が過ごした街か、という感慨に浸る(ひた)ることになる。

前回訪問は二〇一八年なので四年ぶりだったが、そのときに行ったスナックなどはすでに廃業したものも少なからずあり、コロナ禍の影響をあらためて感じた。

今回は地元の石﨑さん・古津さんのご案内で二つほど夜の店をまわった。最後に立ち寄った「やまとなですこ・」という老舗(しにせ)スナックは靴を脱いで上がる馬蹄形(ばていけい)のカウンターという珍しいつくりのお店だったが、多くの客で盛り上がる店内で、つい楽しく時間が過ぎ、私は夜の闇のなかに横たわる茫漠(ぼうばく)たる中海を観ながら、米子の宿までタクシーで帰ることになってしまったのだった。

ちなみに松江の伊勢宮町では、米子朝日町とは打って変わって一枚たりとも「一見客・県外客、お断り」の貼り紙を目にすることはなく、電車でわずか二十分ほどの距離の違いで、ここまで雰囲気が変わるのかと別の意味で驚いたのだった。

先に引いたＷＴＰに関する論文の著者である仲田准教授は「こういった試算は分析手法に依存する……数字を真に受けないことが重要」とも附言しているが、先掲の島根県と鳥取県の「支払意思額（ＷＴＰ）」の数字と実際の夜の街の光景とを思い合わせると、分析とはなかなかに難しいものであるとも思わされる。

❖ 国境の最前線として

雲伯行の最後は境港市である。初日の米子市とは米子鬼太郎空港を間に挟んだ北側、電車で四十分ほどの距離にある。中海と美保湾（みほわん）に面し北側を島根半島に蓋（ふた）をされたようなかたちで、三方を海に囲まれる独特の地形である。このような地形の成り立ちについてじつに興味深い神話的説明がなされている。冒頭で触れた「くにびき神話」だ。

『出雲国風土記』によるなら、出雲の創造神である八束水臣津野命（やつかみずおみつぬのみこと）が細長い出雲の国をもう少し広くしようと、新羅（しらぎ）などから余った土地を切り取って綱をかけ、たぐり寄せ縫（ぬ）いつけたのが現在の島根半島だと言うのである。その際に使った「綱」が現在の境港市域に当たる「夜見島（よみのしま）」、転じて「弓ヶ浜（ゆみがはま）」になったと言うのだ。[2]

私は初めてこの話を読んだとき、「夜見島」とは何という魅力的な地名だろうと思ったのだった。それはかつて、世界史の図説で「大理」や「大宛（フエルガナ）」といった高校生にとっては謎めいた国名（地名）を目にしたときの、あの感じだったのだ。

かつて「夜見島」であった境港市は、『ゲゲゲの鬼太郎』の作者・水木しげるの出身地である。そのため境港線から街中までが「妖怪」の意匠（いしょう）であふれているが、港には水産庁や海上

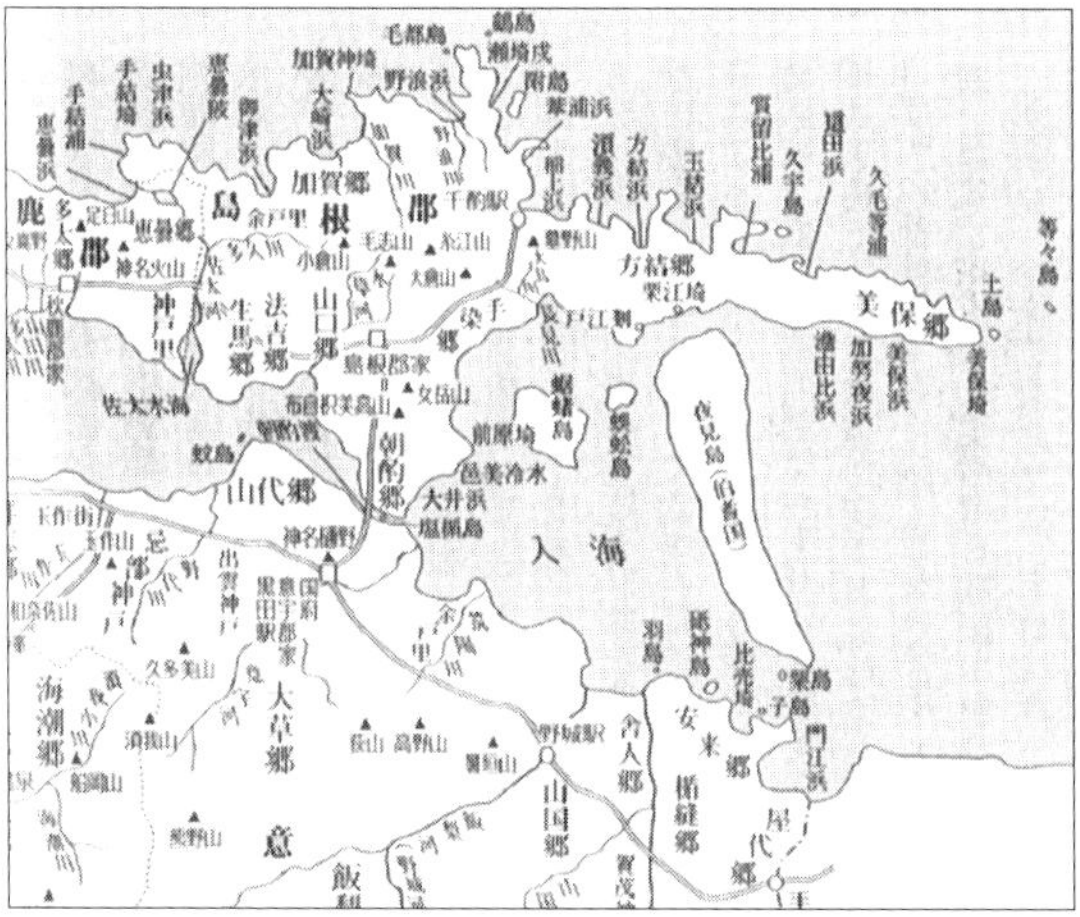

出典：荻原千鶴全訳注『出雲国風土記』（講談社学術文庫、380～381頁）

保安庁の大型船舶が出入りし、境水道の向こう側の山上には航空自衛隊の大型固定三次元警戒管制レーダーが聳(そび)え立っている。そう、ここは「国境の最前線の地」でもあるのだ。

❖「出雲はわけても神々の国」

同地には海産物の大きな商いをしている友人の木村美樹雄さんがいるので「海産物のきむらや」の工場を見学させていただいた。コロナ禍でそうそう遠出もできない日々が続くなか、木村さんのところから、もずくやアカモクなどを取り寄せ自宅で晩酌(ばんしゃく)の友にしていたので、それらがつくられる工場を実際に目にするのは感慨深いものがあった。

当日は境港駅のすぐ近くに酒蔵を構える「千代むすび酒造」の岡空拓己さんをご紹介いただき、酒蔵のなかもじっくりと見学した。慶応元年創業の老舗だが、大通りに面したほうに利き酒のできる綺麗な角打(かくう)ちをつくり、酒蔵のさまざまな酒を楽しめるようになっているのだ。

私もご厚意に甘え、日本酒から焼酎まであれこれを堪能させていただいたが、地元鳥取の酒米・強力(ごうりき)でつくられた酒は、米の余韻(よいん)を残すじつに美味い酒だった。

そんなこんなで一次会の料理屋に行くまでのゼロ次会?で出来上がってしまっていたのだが、地元の海の幸に舌鼓を打ってのち、港近くのスナックにもお連れいただいた。店名は「Hatsumi」。長年地元で商売を営まれている店だ。マスターの松本尚さんからはじつに興味深くも強く心に残る話をうかがったのだが、これは諸般の事情から、とうてい文字には記せない話なので、今日の話はここまでということで。スナックには、そういう日もある。

芭蕉の『おくのほそ道』でも、出羽三山の神域・湯殿山への訪問については、「惣じてこの山中の微細、行者の法式として他言するを禁ず。よって筆をとどめて記さず」とある。この地については「語られぬ湯殿にぬらす袂かな」という句しか残されていないが、往々にして旅の記録とはそのようなもので、私自身も、この連載ではじつは書いていないこと(書けないこと)のほうが多いのである。わけても出雲については、そうならざるをえないだろう。なぜなら「出雲はわけても神々の国」(小泉八雲)なのだから。

取材日:二〇二二年四月十四日(木)〜十七日(日)

1:仲田泰祐「感染対策と経済の両立へ日本は〝方向転換〟を決断せよ」『WEDGE Web』記事、二〇二一年三月二十二日掲載。図表の元データの載ったパワーポイント資料へのリンクもこの記事中にある。

2：勝部昭『出雲国風土記と古代遺跡』（山川出版社、二〇〇二年）などを参照。

第八章

別府の盛り場を支える「ちはら三代」

大分県別府市

◈ 軍隊との結びつきが深い地

別府（大分県）は一幅の絵画である。優美な別府湾の曲線の一端に高崎山を擁しつつ、瀬戸内海へ向けて広がる穏やかな海原に東面し、婉然たる扇山とその後ろに聳える鶴見岳を背に、海へと横たわる坂に富んだ扇状地から無数の湯けむりがたなびいている。

中世以来の大友氏による支配ののち、長らく江戸幕府の天領などであったこの地には、これといった大名などの名族もなく、とくに近代日本が戦ったあまたの戦争によって生み出された名もなき傷病兵たちの療養地として発展してきた湯治場、それが別府なのである。

この地と軍隊との結びつきは深く、戦前戦中は帝国海軍連合艦隊の寄港地として栄えた。最盛期の別府には二四〇〇人もの芸者がいたが、そのほとんどはネイビー・エスだったという。エスとは海軍の隠語で「芸者」を意味し、Singerの頭文字をとったものである。全国的に名を轟かせた「なるみ」という歴代連合艦隊司令長官たち馴染みの高級料亭もあったが、いまは昔の話である（『産経新聞』二〇一五年八月十六日記事などを参照）。

戦後はアメリカの占領軍に接収され、広大な米軍住宅地が山の手のほうに広がることとな

別府全景。岩屋毅元防衛大臣提供

ったのだった。私も子どもの頃、遺された米軍住宅群を金網のフェンス越しに目にしていたように記憶しているが、現在、その広大な跡地は市民の憩う公園となっている。

時折、米海軍・第七艦隊の旗艦が入港してきて海上自衛隊の護衛艦と共に停泊し満艦飾になっていたのも思い出される。私の実家の目の前がストリップ劇場だったので、米軍艦船が寄港すると北浜通りを徘徊していた黒人兵たちに、卑猥な文句で呼びかけをしていた客引きの老女の声も懐かしく蘇るのだった。

別府市長の果敢な試み

戦時中の空襲も免れ、保養地・観光地としての長い歴史のなかで形成されてきた現在の別府の歓楽街は、北浜通りを中心に網の目のような路地が張り巡らされた巨大なものだが、そうであるからこそ今般のコロナ禍の影響も甚大なものとなったのである。

コロナ禍が日本を覆い始めた二〇二〇年の初秋、『週刊ダイヤモンド』で「『衣・食・泊』を襲うコロナ倒産危機　２６５都市依存度ランキング」という企画が組まれた。コロナ倒産が目立つ「衣・食・泊」三業種への依存度をランキング化した結果、人口一〇万人以上の二六五都市のうちで別府市の三業種依存度（九・九一％）が二位を大きく引き離して全国ワースト一位であるとされたのだった（同誌二〇二〇年九月十九日号）。

企画中、「別府は『天国から地獄』へ」という見出しをつけた別府市長へのインタビュー記事も掲載されたが、この記事に対し長野恭紘市長は私の取材で、「当事者である別府市民をいたずらに悲しませ不安に陥れる書きぶりで、非常に残念でした」と語る。

現在二期目の長野市長（四十七歳）は、コロナ禍で苦しむ別府の窮状への一助となればと、予約のキャンセルが相次ぐ市内のホテルや旅館を支援するため、「別府エール（応援）泊」と銘打って市内のホテル・旅館に自腹で二〇泊した。さらに市の幹部や市内業界団体の知人たちにも呼びかけ、二一年の夏までに合計一〇〇〇泊を呼びかけ、それも達成したのだった。

外部から宿泊客を呼び込むことが困難ななかでの「苦肉の一手」ではあったが、こんなときでもなければ宿泊することはない地元のホテルや旅館に泊まってみて「地元の良いところを再発見する機会になれば、そういうムーブメントにしてゆきたかった」と市長は言う。

私自身、この試みを市長が積極的に発信するSNSでの投稿などでも目にしていたが、我が故郷ながら、このような果敢な試みを次々に行動に移してゆく市長をもったのは誇らしいことだと、一切のおためごかしなどなく素直に感嘆した。

長野恭紘別府市長

市長は「コロナは苦しいことばかりでもなかった。苦境を逆手にとってマイクロツーリズムを通じ自分たちの住んでいる土地の素晴らしさをあらためて知る良い機会だ」とも語るのだった。

❖ 母娘三代で支える夜の街

そんな別府の夜の街に一軒の店がある。「ちはら21」。別府でも最も古いクラブの一つである。経営者の赤嶺リサさんは「うちの店はスナックですよ」と笑うが、私の見る限り「クラブ」である。別府の最も大きな盛り場・北浜通りに面した「つるみプレザンビル」の地階に広い店舗を構え、今年で三十二年目を迎える。

「ちはら」の歴史は、リサさんの母である玉井ヤス子さんの代に遡る。ヤス子さんは昭和四十年代はじめ、クラブ「杉乃井」の専属歌手として当時の東映女優・千原しのぶにちなんだ「千原みどり」という芸名を名乗り、別府の夜の街に歌声を響かせていた。八代亜紀の前座をやったこともあるという。その後、市内の新宮通りで「スポーツスナックちはら」を開業し繁盛していたが、三十三歳のときに火事で焼け出されてしまった。

困り果てていたところ、当時の別府の夜の街で隆盛を誇っていた「窓グループ」の経営者・深瀬達兄さんに拾われ、同グループの専属歌手としてキャバレー勤めを始めたのだった。その頃は店で「サンデーのど自慢」をやっていたが、私（谷口）の父もその審査員として壇上に上がったこともあったそうだ。

その後、一九九〇年十二月六日、娘のリサさんが十八歳になったタイミングで「一緒に店を出そう」ということになり、人の勧めもあって現在の場所で「メモリアルクラブちはら」を開店した。じつは今回私自身、その店舗で取材しているときに突然思い出したのだが、この場所、昔は映画館だったのだ。四十年近く前、『スター・ウォーズ』をはじめとしたさまざまな映画を、まさにこの場所で観ていたことを思い出し、私は不思議な感慨に襲われた。そうか、あの銀幕以外は暗闇だった空間がいまは……と。

現在のママであるリサさんは、地元で小中高を過ごしたが、十七歳のときに家出して、東京の音楽学校に通っていた弟のところに転がり込んだ。弟が六本木でアルバイトをしていたのに便乗し、そのまま銀座八丁目のクラブで働き始めたのだった。

別府のお医者さん（私の知っている人である）が、その銀座のクラブにたまたま現れて発見されてしまうなどもしていたが、祖母が亡くなったのを機に東京から「強制送還」され、再び別府へと戻ってきたのだった。

先述のとおり、リサさんが十八歳のときにいまの場所に店を出すこととなったのだが、その際には「音楽のある店にしよう」と、リサさんと弟とで、東京で見てきたイメージを膨らませ当時の別府にはなかったような先端的な内装の店をつくり上げた。

その後、二〇〇〇年にリサさん自身がママとなり、店名を「ちはら21」に改めて二十年以上が経った。現在は、母のヤス子さんはリサさんの店の入っているビルの目と鼻の先の路面店で「ぐらすほっぱー玉ちゃんのお店」というスナックを営んでいる。

一時は水商売から引退していたヤス子さんだったが、やはり「自分の店に立ってこそ元気でいられ続けられるだろう」と、リサさんが母には黙って店の契約から内装までを仕上げ、プレゼントしたのだった。

店内は「ちはら」の原点であるスポーツに焦点を当てた内装で、複数の画面で野球などを観られるようになっている。ヤス子さんは、古希を超えた現在でも元気溌剌と店に立っている（本当に驚くほど元気に満ちあふれているのである）。

「ちはら21」にはじつは、リサさんの娘である里歩さんもいる。二十歳そこそこの彼女もまた東京銀座で数年修業したうえで、地元の青年会議所で汗を流す期間も経て、同じ店で働いているのだった。母娘三代、北浜通りのここにあり、なのである。

◈ 足かけ三年の苦難

三代にわたって確固たる足場を別府北浜の夜の街に築いてきた赤嶺さんではあるが、コロナ禍の下、別府の夜の街を守るために奮闘している。

コロナ前からリサさんは、市内のスナック・バーやクラブなどで構成される別府料飲協同組合の理事長を務めていた。しかし、コロナ禍によって会員数の減少に拍車がかかり組織力が低下してゆくのに危機感を抱き、同様の状況に陥っていた居酒屋・レストランなどから構成される別府飲食業協同組合との統合に踏み切ったのだった。

両組合の加入店舗数は、コロナ前に二二〇軒以上を数えたが、現在では一三〇軒ほどにまで減少しており、コロナ禍の爪痕が残したダメージがしのばれる。二〇二一年十月、両組合は統合し、新たに別府社交飲食協同組合として再出発し、リサさんはその理事長となった。

コロナ禍の下、「飲食店は悪者のように扱われ、泣く泣く時短要請に応じるしかなく、絶望感で押しつぶされそうになった飲食店の社長や従業員を目の当たりにし、このままでは、別府市内の飲食店は壊滅的状況に陥ってしまう。いまこそ、別府市内の飲食事業者が一丸と

「ちはら21」の母娘三代。左から里歩さん、玉井ヤス子さん、赤嶺リサさん

なって、この苦境を乗り越えなければと、統合を決意しました」とリサさんは言う。

新たに統合された組合の理事長に就任したリサさんは、市内に散らばる一〇〇軒以上のお店を一軒一軒、数カ月かけて自分の足で歩いて訪ね、「これまで直に来てくれた理事長は初めてだ！」と驚かれたり、喜ばれたりしたことも多々あったと言う。

二〇二二年五月、全国飲食業生活衛生同業組合連合会の大会が山口県で開催され、全国の飲食業者の代表たち一五〇〇人が一堂に会した。大会オープニングで会場の大スクリーンに「緊急事態宣言、酒類販売禁止、営業自粛、時短要請、閉店……」という飲食に関わる人びとが苦しんできた文字列が映し出されると、この足かけ三年の苦難が走馬燈のように蘇り、多くの参加者がすすり泣いたと言う。

❖別府随一の観光名所としての「地獄」

今回の原稿を書くための取材で別府を訪れた際、私は地元で「海地獄」を経営する千壽智明さん（三十六歳）と、リサさんの「ちはら21」でご一緒した。地獄とは、別府随一の観光名所であり、別府地獄組合のサイトには次のように記されるものである。

「ここ鉄輪・亀川の地獄地帯は、千年以上も昔より噴気・熱泥・熱湯などが噴出していたことが『豊後風土記』に記せられ、近寄ることもできない忌み嫌われた土地であったといわれています。そんなところから、人々より、『地獄』と称せられるようになりました。今も鉄輪では温泉噴出口を『地獄』とよんでいます。べっぷ地獄めぐりは、100度近い温泉の源泉を見る観光施設です」

千壽さんは東京の大学を卒業したのち、そのまま都内の大手印刷会社に就職したが、八年前の二〇一四年に家業の海地獄を継ぐために別府へ戻ってきた。帰ってきた当初は、父親も健在で、「自分がここでやるべきことは何なんだろう」と一抹のむなしさを感じたこともあ

千壽智明さん。「海地獄」をバックに

ったと言う。しかし、二〇一七年に父が亡くなったあとは、この地獄というほかにはない場所の「文化的価値」を再発見し、多くの人に楽しんでもらうためにさまざまな挑戦を行なっている。ライトアップした湯けむりが彩(いろど)る非日常空間を活かした音楽と食を楽しむナイトパーティなどは、その一例である。

　千壽さんは現在、父の勧めで入会した別府青年会議所（ＪＣ）の理事長も務めているが、「地方に住むということは、自宅と職場だけの生活では済まないということなんですよね」と話す。実際、彼はＪＣの仲間たちと共にコロナ禍に苦しむ別府の夜の街を支え元気づけるため、さまざまな情報発信も積極的に行なっている。「夜の街といえば、ＪＣでしょう！」と千壽さんは笑うのだった。

二〇二二年十二月、さらに新たな試みとして千壽さんの手がけた「地獄温泉ミュージアム」がオープンした。観光都市・別府の新たな名所となることを願うばかりである。

❖ 夜の店々の栄枯盛衰

現在の別府の夜の街は北浜通りを中心とするエリアに広がっているが、かつては市南部の松原公園から浜脇方面の一帯が殷賑（いんしん）を極めていた。かつては、その辺りを歩くと巨大な遊郭（ゆうかく）建築が数多く残っていたのを思い出す。いまとなってはじつに趣深い風景だった。日中、誰もいない、かつては賑（にぎ）わっていたであろう寂しい道を歩いていると、木造の二階から三味線（しゃみせん）の音が聞こえてくることもよくあり、私はしばし立ち止まってその音曲に聴き入っていたものだった。

別府滞在中に私は、この古い盛り場のほうに近い市立図書館へ行き、四十年以上前に地元紙の『大分合同新聞』に掲載された、別府の夜の街の人びとをめぐる長大な連載を読み耽（ふけ）った。[1] 手元に置いた、連載記事に出てくる店名が記された日本最古の住宅地図である「別府市住宅案内図」（昭和二十九年発行）を眺め、かつてそこにあった、そしていまはもうない、あまたの夜の店とそこで働いた人びとのことを思った。

住宅地図のゼンリン、じつは別府発祥(はっしょう)の企業であり、そのためゼンリンが初めて刊行した先述の別府市の住宅案内図こそが、本邦発の住宅地図なのだった。ゼンリン発祥の地にはいまでも当時の建物が残っているが、その社名は創業者が好んだ「善隣友好」から採られたという。なぜなら、戦時下で地図は軍事機密となってしまうので「平和でなければ地図づくりはできない」という思いが込められているのだと。この日本最古の住宅地図には私の実家も載っているのだが、その周りに蝟集(いしゅう)する膨大(ぼうだい)な数の夜の店々が栄枯盛衰(えいこせいすい)し、現在の別府の夜の街で日々働く、私も知っている人びとへと受け継がれていることに思いを致し、昼下がりの図書館でしばし物思いに耽ったのだった。

取材日：二〇二二年六月六日(月)〜九日(木)

1：一九七九〜八〇年にかけて地元紙『大分合同新聞』でなされた連載で、「浜脇の人びと」「裏銀座の人びと」「鉄輪の人びと」の三分冊に私家版のようなかたちで切り貼りしてまとめられ、別府市立図書館に所蔵されている（資料請求番号Ｂ２３６）。累計一〇〇回以上の連載物で、別府の夜の街を知るための貴重な史料と言えるだろう。

第九章

浜松、「検証と反省」に思いを馳せて

静岡県浜松市

◈鰻文化の境目としての浜松

静岡県は何かと縁のある土地である。大学院で同門だった横濱竜也さん（静岡大学教授）と移民関連の共同研究をしている関係で、先方の大学がある静岡市、そして上記の研究関連の学会が催されることの多い浜松市に何度か足を運んだことがある。静岡市の両替町、浜松市の肴町・田町、いずれの盛り場のスナックにも自分のボトルを入れた。

現在では静岡県という一つのまとまりになってはいるが、かつては駿河と遠江という別の国であり、自ずとその気風にも違いがあるとされている。家康公のお膝元だった駿府は鷹揚に構えたのんびりした気質なのに対し、遠州浜松は「やらまいか」（〝やってやろうじゃないか〟という意味の遠州弁）という言葉に代表される商業的進取の気性があるとも言われる。

じつは「やらまいか」との対比で、静岡市のほうは「やめまいか（やめておこうか）」という慎重な気風とも言われるのだった。いま一つの地域である伊豆を加えて「伊豆餓死、駿河物乞、遠州強盗」という言葉もあるそうだが、青森県の津軽・南部間の「津軽泥棒、南部人殺し」[1]という言葉が想起され、全国どこにでも同じような話（松本市と長野市、前橋市と高崎

うなぎ蒲焼の缶詰

市など枚挙に暇がない）があるものだと少し可笑しくなるのだった。

今回の舞台は浜松である。ＪＲ浜松駅に新幹線から降り立ち、ホーム上のうなぎ弁当の売店を目にするたび毎度、私の脳裏にはゆくりなくも斎藤茂吉の短歌が浮かぶのだった。

もろびとのふかき心にわが食みし鰻のかずをおもふことあり（――最後の歌集『つきかげ』所収）

茂吉は知る人ぞ知る「うなぎ食い」であり、林谷廣による奇書『文献茂吉と鰻』（短歌新聞社、一九八一年刊）によるなら、四十四歳から始まった「鰻への偏愛」から喰らい続けた蒲焼はじつに総計九〇〇回超に及び、数多くの鰻を主題とした短歌も詠んでいる。

太平洋戦争時には、開戦後に鰻が食べられなくなるのを危惧し「蒲焼の缶詰」を大量にストックしたという逸話も残っているが、現在でもその缶詰は浜名湖食品から販売されている。

浜松の鰻の面白いところは、ちょうどこの土地が東西の鰻文化の境目であるため、関東風のふんわりと蒸した焼き方と、関西風の腹裂きをしたうえでのバリッと焼いたものとが混在しているところにある。東西双方の味が一度に味わえる稀有な土地なのだ。浜松に行くたびに私は鰻屋ののれんをくぐり、しかるのち夜の盛り場へと足を延ばすのだった。

クラスターの風評被害

市内・田町のビルに入っている「Lounge Brillia（ラウンジブリリア）」も、そんな浜松の夜の街の一軒である。開業五年目のこの店のママは竹内知美さん。浜松市内で生まれ育ち、高校卒業後は遠州鉄道のバスガイドをしていたが（本連載、福島県いわき市「ラブリング」の回の笹原広美さんと同じである）、結婚離婚を経た二〇〇一年、二十六歳のときに初めて夜の街に自分の店、スナック「Shine（シャイン）」をオープンしたのだった（肴町で現在も営業中）。

　その後、三十歳のときからエステの専門学校に通って資格を取ったが、年齢のこともあり、どこも雇ってくれなかった。それならと自分で美容エステの店「Shanti」を開いたものの、その開業日は奇しくも震災の当日二〇一一年三月十一日だったのだ（第四章、武蔵新城「貴石」の市川真里さんと同じ時期である）。

　その後さらに、四人の子どもを抱える竹内さんは、「まだまだ子どものことにもお金がかかるので、もうちょっと稼がないと」という思いから、二〇一七年に現在のブリリアを開店するに至ったのだった。

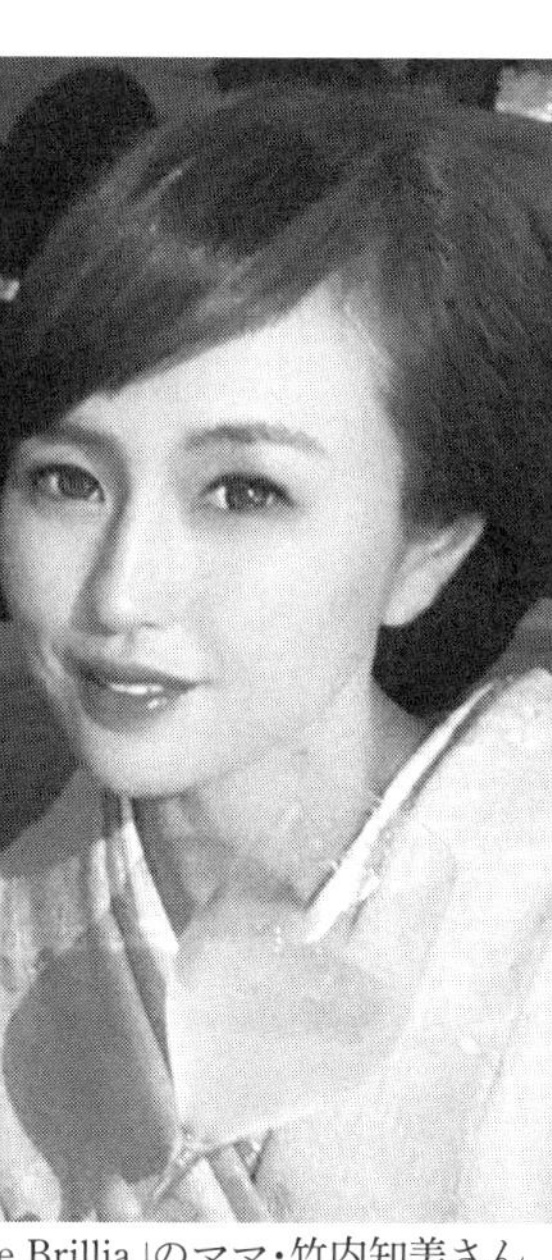
「Lounge Brillia」のママ・竹内知美さん

　じつはこの店については、他の街で講演していた際、そこに参加していた人から「浜松にはとても良い店があるのだが、最近、大規模な感染クラスターを出してしまい、非常に気の毒なことになっている」と聞いて、その存在を初めて知った。

話を聞いたあとネットで調べてみると、第二章で取り上げた青森県弘前市の「シャモン」と状況は酷似しており、店を起点とした事細かな感染経路の図表（これは本当に必要なものなのだろうか？）なども載った数多くの記事が見つかり、酷い風評被害に苦しむ竹内さん自身の声が記された記事も目にしたのだった。

そうこうしているうちに、たまたま仕事で浜松に行く機会を得て、私は実際にブリリアを訪れた。知り合いから聞いていたとおりとても良い店で竹内さんの人柄にも感じるところがあったので、その後あらためて七夕の日に、竹内さんが経営するエステサロンのほうで、ブリリアの従業員である竹上静夏さんも同席して取材をすることとなった。

コロナ禍が始まる前のブリリアは本当に繁盛店だったそうで、店に入りきらないお客が外まで並んだりするくらいだった。とくに忘年会シーズンなどになると、限られた予約の枠をめぐって争奪戦が起きるほどだったという。ＹＡＭＡＨＡやＨＯＮＤＡなど大きな製造業も多い地域なので、大人数での接待や宴会なども頻繁に催されていたという。「数多くの夜の店がある浜松でなぜそんなに流行っていたのですか？」と聞くと、竹上さんは「ママが美人なのに気どらない、面白い人だからじゃないですか」と笑って話していたが、私も実際に竹内さんに会ってみて「じつにそのとおりだな」と思った。

竹内さんは、ここまでで登場した店舗以外にも、花屋とバーも別途経営しており、現在では従業員の総数は三〇人を超えている。

❖「私だから耐えられた」

二〇二〇年七月、ブリリアから感染クラスターが発生した。店は丸一カ月休業することとなったが、感染経路の把握などのため保健所から「店名を公表させてくれ」と頼まれた。竹内さんは「公表するなら、私たちを守ってほしい」と伝えたのに対し「全力で守るので」と言われたのだが、結果は悲惨（ひさん）だった。

店名が公表されるや、店に電話してきて罵倒（ばとう）する者や、わざわざ店の写真を撮りにくる者などが現れた。じきにSNS上に竹内さんや従業員、そしてその家族の個人情報が晒（さら）されるようになり、幼い子どもと一緒に写っている写真さえネット上で回覧されたのだった。店の内輪でしか知りえないことさえ書き込まれるようになり、疑心暗鬼に陥（おちい）った。

店では浜松市からの要請に真面目に応え、市からも「客をしっかり特定できる名簿があり、非常に優良な協力店」とされていた挙（あ）げ句の結果が、これだったのである。

しかし、竹内さんは、保健所の人たちを一方的に責める気にもなれないと言う。当時、保健所には「店名を出せ！」というクレームの電話が鳴り響き、その圧力に負けた結果の公表であり、また夜中の二時、三時まで職場に残り状況報告をし合っていた保健所の職員たちとは、お互いに励まし合い、感極まって泣いてしまったこともあったと言う。当時を振り返って「戦争中の日本ってこんな感じだったのかな。いま戦ってる相手はコロナのはずなのに、人が人と戦っちゃってますよね」と竹内さんは嘆いていた。

取材で同席していた従業員の竹上静夏さんは、二十歳のときに竹内さんの店で働き始め、二人の付き合いはもう二十年近くになる。竹上さんは、感染クラスター発生後の日々を思い出し、あのときは本当に怖くて「もう浜松に住めなくなっちゃうかなとさえ思った」と言う。いまでも、その心の傷は完全には癒えてはおらず、時折、胸が苦しくなることもあると言う。

コロナ禍が始まってから、感染によって会社や工場をクビになった人も浜松では少なからずいたと聞く。「せっかくの〈やらまいか精神〉が変な方向に働いちゃったのかな」と二人は苦笑していたのだった。

ある日竹内さんがテレビを観ていたら、アメリカではコロナが治り退院して職場復帰した人を同僚たちが拍手で迎えるシーンが映っており「日本とのこの差は一体何なのか？」と衝撃を受けさえしたと言う。一時期は、「全浜松市民」対「ブリリア」のような酷い雰囲気にさえなっていたが、そんななかでも応援してくれるお客さんたちなどに支えられて、いまもこうして営業を続けられているのだと。

竹内さんは大規模クラスターを出したのが「ウチで良かった」と言う。じつは竹内さんは二十四歳のときに当時四歳だったお子さんを亡くしており、「あのときの辛さに比べればと思い、コロナ禍の酷い状況を耐えきることができたのだけれども、ほかの人だったら、そうはいかなかったかもしれない……」と。「私だから耐えられた、私で良かった」と竹内さんは語るのだった。

◈終わらない、飲食店の厳しい状況

竹内さんたちへの取材の日は、その後すぐに浜松市内で私の講演があり、講演終了後に再びブリリアを訪れた。じつは、この日の浜松訪問には、もう一つの目的があったのだった。二〇二一年度の私のゼミに参加していた松下君と会う約束だ。

コロナ禍が始まってから、大学の講義もゼミもすべてオンラインになり、二〇年度はまだ感染状況が小康状態になったときを縫って何度か学生たちと直に会う機会もあったが、二一年度は一度だけゼミの有志が対面で会えたものの、実家の浜松に帰ってしまっていた松下君にはゼミが終わるまで会うことができなかったのだった。これまで一年間にわたってZoom越しでしか喋ったことのなかった、しかし、見知ってはいる学生と「初めまして」とブリリアで直に会うのは、奇妙ではあるが嬉しい出来事だった。

先述の浜松市内での講演の際、聴衆のなかにいた地元大企業の社長から、現時点でも浜松での夜の街の状況は厳しく、それは浜松が製造業を中心とする街であるため、感染して工場のラインを止めたりできないというプレッシャーが大きくのしかかるからだ、という話を聞いた。これは、コロナ禍のなかで地方の製造業が盛んな都市を訪れると必ず聞いてきた話でもあった。

ブリリアがクラスター感染発生前の完全に元どおりの営業形態に戻ったのは二〇二二年七月半ば近くになってからで、取材時点でもお客の回復は四割程度だと言う。

浜松での一夜を過ごした翌日、私は新幹線のなかで安倍晋三元総理が銃撃された事件の第一報を聞いた。その後、報道はこの事件一色で塗りつぶされ、世間の関心は圧倒的にそちらへと引っ張られていったが、いまでも、いやいまこそコロナ禍が始まってから飲食店は最も厳しい状況に置かれているのである。

❖「店名公表」による人権侵害

二〇二二年五月から六月にかけて五回にわたって政府により開催された「新型コロナウイルス感染症対応に関する有識者会議」では、これまでの政府や医療側のコロナ対応のあり方について検証が行なわれた。二〇〇頁以上に及ぶ記録を仔細に読んだが、そのなかでは営業の自由を含む「私権制限の問題性」について、かなり踏み込んだ議論がなされていた。

しかし、政府のいわゆる「分科会」の下に置かれた「偏見・差別とプライバシーに関するワーキンググループ」の一〇〇頁近い議論の記録を読んでもそうだったのだが、感染クラスターを発生させた「店名の公表」がもたらす重大な帰結についての反省は十分になされているとは言い難いのではないかと感じた。

コロナ禍の下での保健所による「店名公表」は、「制裁的公表」ではなく感染拡大防止を目的とした「情報提供的公表」であるのは論を俟たない。しかし、実質において、今回のブリリアがそうであるように、報道機関による情報の充塡・拡散を伴う形で重大な人権侵害を引き起こしているのが実態だったのではないだろうか。

竹内さんはコロナ禍の下でのいちばん酷かった時期を思い出し、「死にたいくらい嫌なこともたくさんあったが、応援してくれる人もたくさんいて、世の中捨てたもんでもないなと思った」と言う。とくに子どもの小学校の友達たちがお子さんを守ってくれ、励ましてくれたのは本当に嬉しかったと言うが、被害に遭った人にこのようなことを言わせてしまうことが、はたして許されることなのだろうか。

取材中、竹内さんも竹上さんも何度か目を潤ませて、辛い時期のことを思い出し、時折声も震わせていたが、彼女たちをこんな目に遭わせたことについて、深刻な反省がなされるべきである。

前述したように、弘前の「シャモン」が今回のブリリア同様に深刻な風評被害を被った話を書いたが、この問題は何度でも取り上げる意義があると私は思っている。そこらじゅうで友人・知人がコロナに感染し、けろりと感染報告をしているいまにして思えば、感染者や感染を出した店を犯罪者であるかのように指弾していた、あの異常な世間の雰囲気は一体なんだったのか、と。

❖ マスコミ自身が検証と反省を

先述のコロナ対応検証有識者会議の会議録のなかには「パニック＆ネグレクト」という言葉が紹介されている。今回のパンデミックのような危機的な状態が発生すると最初のころは大騒ぎして膨大（ぼうだい）な資源投入を行なったりするが、事態が収束すれば大騒ぎしたのをすっかり忘れてしまい、将来への備えのための投資を怠（おこた）ってしまうことを意味している。

もはや十年以上の歳月を経た原発事故に伴う福島県への風評被害もそうだが、われわれはあまりにも物事を忘れやすく、反省をなしえていないのではないだろうか。コロナ対応検証有識者会議に委員として出席した宍戸常寿（ししどじょうじ）（東京大学教授・憲法学）は、会議の終了後、中央合同庁舎第八号館の出口で会議の内容を知ろうと追いすがるマスコミに対し「あなたがた自身のこれまでの報道のあり方も再検証すべきではないのですか？」と言い放って、そのまま授業に向かったと聞いたが、私はその話を聞いたときに心底スカッとしたのだった。

そう、宍戸が言ったとおり、検証されるべきはマスコミ自身でもあるのではないか、と。日々、感染者数を垂（た）れ流して不安を煽（あお）る一方で、飲食店は大変だとマッチポンプを見せられるのは、もう飽き飽きなのである。検証と反省を。

取材日：二〇二二年七月七日(木)

1：「津軽」のほうは南部藩の領地を津軽為信が「盗んだ（独立した）」こと、「南部」のほうは言いたいことも言わずに我慢した挙げ句に、思い余って人を殺めてしまうということ（我慢強さ）とも言われている。

第十章

十勝のスナックと地域のつながり

——北海道新得町・帯広市——

❖「十勝の食糧自給率は一〇〇〇％超」

二〇一九年の七月末日、『十勝毎日新聞』の丹羽恭太・新得支局長（当時）からメールが送られてきた。すべてはそこから始まったのだった。

そのメールには、北海道の新得町（人口約五五〇〇人）に新しく出来たスナックについて記してあった。町内のあるスナックのママが、高齢になったため店じまいすることとなり、地元の建設業者がその店舗を買い取り、町も費用を半分出して改築を行なった。帯広市で銀行員をしていた女性を新しいママとして迎えて町ぐるみでスナックをつくったので、それについて紙上でコメントしてほしいという内容だったのだ。

突拍子もない話だったので、私は早速丹羽記者に電話をかけて（後述のとおりの）詳細を聞いたうえで、このスナックの積極的意義を説くコメントをしたのだった。

記事掲載後も、このスナックのことが気になり続けた私だったが、初めてメールをもらってから一カ月ほどあとの八月末、たまたま同じく北海道の小樽市であった仕事のついでに、札幌からＪＲ函館本線に乗って新得駅のホームに降り立った。スナックの名は「ｆ」。二〇一九年の八月一日に開店し、私が初めて訪れた夜にも大入り満員の繁盛をしていたが、それから半年ほどあとにコロナ禍が世界を覆ったのだった。

コロナ禍のなかでも、この店がその後どうなったのかが気になり、時折、丹羽記者にメールしてスナックｆの様子を聞いていたが、二〇二二年の九月、私は再び新得町を訪れることとなった。

飛行機から望む帯広平野

空路、新得町も含まれる十勝地方（とかち帯広空港）に入ると、本州では目にしたことのない圧倒的に広大な畑が広がるのが目に入ってくる。「十勝の食糧自給率は一〇〇〇％超」とはよく耳にする話だが、その言葉に偽りのないことが実感としてわかる光景である。

この地域の中心都市である帯広市から、特急電車だと三十分ほどの距離に新得町はある。札幌方面からはＪＲ特急おおぞらで、ちょうど二時間ほどの距離で、根室本線と石勝線が合流する十勝地方の表玄関に位置している。新得駅には、一九八五年に廃止されるまでは機関区が存在し、鉄道のまちとして大いに栄えていたとも聞いている。

大雪山連峰と日高山脈の麓に位置する「新得」の地名は、アイヌ語の「シットク・ナイ」が訛ったもので「山の肩」あるいは「端」という意味だそうだが、この山の端に辿り着くまでの車窓からは本州では見ることのできない雄大な自然が広がっている。

◈ 地域に根付いた業者同士のタッグ

スナックｆのママは中原綾奈さん。先述のとおり、町内に八軒しかないスナックのうちでも中心的な一軒が店を閉めるのを機に、地元建設業者と町の後押しで新しく出来たスナックに、帯広市から単身で移り住んできて店を始めたのだった。町に新しいスナックが出来るのは二十年ぶりだったという。

中原さんは札幌市で生まれ、小学生の頃から帯広で育った。高校を卒業したあとは地元帯広市内の銀行に就職し、その後、一時的に他の会社で働いたりしたこともあったが、再び銀行に勤めているときに、この新得町のスナックで新しいママを探しているという話を耳にしたのだった。

二〇一八年の初夏、銀行の懇親会で上司から新得町のスナックの話を初めて聞いた時点で「良さそうな話だな」とは思ったが、秋頃に再び、その後あの店の話はどうなったかを上司に尋ね、自分がママとして手を挙げたいと告げたのだった。翌年の七月には単身、新得町に引っ越してきて、八月初日にスナックfを開店した。

スナック「f」のママ・中原綾奈さん

私が彼女と初めてこの店で会ったのは、まだ開店して一カ月も経っていない八月二十二日だったが、実際にこの店を訪れると、驚くほど綺麗で、広い店内は開店を報じた『十勝毎日新聞』の記事を見て近隣市町村から詰めかけた客も含め、大盛況を博していた。実際に店に行ってママの中原さんに会えば、瞠目（どうもく）することになるだろう。なぜこんなに流行るのかは、行けばわかる。

このスナックの開店を後押しした地元建設業の社長は、町内の夜の街を支える、ただでさえ数少ないスナックの一軒がなくなることで中心街が寂れることを危惧し、店舗を買い取って改装費の半分を出した。残り半分は新得町が拠出したのだが、開店後二年間は家賃補助（半額）もなされ、まさに町からの支援を受けた「半町営スナック」あるいは「夜の公民館」のようなかたちで、この店は出発したのだった（正確には、商工業活性化事業補助金によるものである）。

先述の建設会社社長は「田舎ではスナックが重要な情報交換の場であり、地域活性化には欠かせない」という思いから、この店の開店を後押しした。地元に根付いた建設業者が、やはり地元との密接な関係を有する地銀の元行員とタッグを組んだこの取り組み、日本の地域社会における夜の社交を考えるうえでも、じつに興味深い事例ではないだろうか。

❖ 開店後に襲ったコロナ禍

先述のとおり、順調な滑り出しをしたスナックｆだったが、予想だにしなかったコロナ禍の下では苦労をしたと中原さんは話す。開店してわずか一年も経たない、二〇二〇年の春から北海道では大規模な感染拡大が進み、まだ住み始めたばかりの町で店を開けることもできず、孤独に過ごす日々もあった。新参の自分が町に迷惑をかけることになってしまってはいけないと、町に一つしかないスーパーの閉店時刻十分前にギリギリで滑り込み、誰もいない店内で急いで買い物をし、誰にも会わないよう律儀に自宅へと直帰するような日々だったという。

ただ、そんななかでも中原さんは地元商工会の青年部に入り、コロナ禍の下でも青年部の副部長として地域に貢献する活動に汗を流し、町の一員として立派に根をおろしているのだった。コロナ禍になってから丹羽記者からきたメールには「中原さんは町長選挙の際には選挙事務所に顔を出したりと、すっかり町に溶(と)け込み顔も売れている様子です」とも記されていた。

私はそんな中原さんに尋ねた。なぜ、地方なら羨(うらや)まれるような安定した堅い仕事である銀行員の職を捨ててまで、何の縁もなかった小さな町のスナックのママになったのかと。中原さんは、三十歳になるタイミングで、このままいけばずっと銀行員としての人生が続くだろうが、何かを思いきって新しく始めるチャンスはいましかないと思ったのだという。友人たちは驚き、家族（とくにお母さん）も最初は反対していたが、いまでは応援してくれているという。

水商売の経営自体が初めての経験だったので、町内のほかのスナックの年長のママたちも親切にいろいろなことを教えてくれ、またときとして相談にも乗ってくれる。もともとお酒を呑むのは好きなので、新得町ではこれまでになかったさまざまな種類のお酒を揃え、カクテルなども呑めるようにして、今日も営業している。

中原さんにとって、一つだけいまだによくわからないのは「正常な営業状態というのが、どういうものなのか」ということだ。要するに一年間すべての季節を通してコロナ禍の影響のないなかでの営業をしたことがないので、何が正常な営業状態で何がそうでないかの判断基準がつかめないのだった。

少し話が脱線するが、先日、青森県の三沢市で初めてのスナックを訪れた際、この「正常な営業状態」にまつわる面白い話を聞いた。その店は二〇二一年六月にオープンしたのだが、「コロナで大変な時期によく新規に店をやろうと思いましたね」と私がママに言うと、「これ以上は悪くなりようがない時期で、あとはどうやっても良くなるだけだろうと思って開店したの」と笑っていたのだった。何というコペルニクス的発想！　この話を中原さんにすると、彼女も笑っていた。

　この原稿を書くためにｆを訪れた際には、じつは帯広市でスナックを営んでいる人たちも一緒だったのだが、帯広のママも「こんなイイ店が新得町にあったなんて！友達を誘って、また来なくちゃ！」と驚き喜んでいた。早く、コロナ禍も過去のこととなり、すべての季節をめぐる正常な営業ができる日がやってくることを祈るばかりである。

　今回の新得町取材は、『Ｖｏｉｃｅ』誌の担当編集者Ｎさんも同行していたのだが、ｆでの取材が終わったあと、電車で帯広に戻ろうとしたところ鹿が電車に衝突して遅延し、我々はずいぶん遅くに帯広市に帰り着いた。帯広駅を出て、行き当たりばったりで入った料理屋がじつに美味く大当たりだったのだが、時間が遅かったこともありほかの客もおらず、店主とあれこれ話していたら、彼もまたスナックｆに昨日行って来たばかりだという話を聞き、我々は驚愕（きょうがく）したのだった。ｆは、本当に多くの人に支えられていることを、驚くべき奇遇（きぐう）を通じ、あらためて知った夜でもあった。

❖ 売り上げ第一主義だけではやっていけない

翌日、私は帯広市内で講演をした。お題は「コロナ下の夜の街のゆくえ」。じつは私は全国商工団体連合会（民主商工会＝民商の全国団体）の機関紙である『商工新聞』で「スナック千夜一夜」という連載をもっており、先日その連載が一〇〇回目を超えたのだった。その縁もあって、帯広市の民商から依頼され、地元でスナックをはじめとする飲食店などの自営業の方たちを前に、先述のような講演を行なった。

講演後、三〇人ほどの熱心な聴衆とのやり取りを終えてから懇親会にも出席し、今回の十勝行のもう一つの大きな目的である、あるスナックへと向かったのだった。スナックの名は「ときお」。志子田英明（しこだひであき）さんがマスターを務め、今年で開店三十七年目を迎える老舗（しにせ）である。店名はファンである沢田研二の曲名に由来している。

志子田さんは、先述の帯広民商の会長でもあるのだが、私が彼と初めて出会ったのは二〇一七年十一月。目白（東京都豊島区）の全商連会館でスナックに関する講演を行なったとき、講演終了後の懇親会の席でだった。

志子田英明さん（左）と筆者

その後、コロナ禍の下での二〇二一年五月、志子田さんに帯広市の夜の街の現況についてＺｏｏｍでの取材をしたが、スナックをはじめとする夜の店の休廃業がじわじわと広がるなか、商工会議所によるスナックなどの飲食店を支援する施策などについても聞いた。その際、最も印象に残ったのは、コロナ禍による苦境のなかでは、たんなる売り上げ第一主義だけでは到底やっていけないということであり、地元とのつながりこそが最後の最後に店を支えてくれるという志子田さんの言葉だった。

じつは、志子田さんは私にとっては「恩人」なのである。私が最もよく聞かれる質問の一つに「本業は法学部の先生なのに、なぜスナックの研究をしようと思ったのですか?」というものがあるが、このことに「本当の意味」を与えてくれたのが志子田さんだったからだ。

実際、最初の頃に本当にスナックについて研究しようと思ったのは、とくに何の深い考えもない始まりだった。ある日、地元の馴染みのスナックで呑んでいるときに、「スナックって何でスナックと呼ばれるの? 一体いつから出来たものなの? 全国に何軒くらいあるの? その定義は?」などと常連たちと酔って話し始め、もちろんその場ではわからなかった。翌日、シラフになって、「いくらなんでも、こちらも学者の端くれなのだから少し根を詰めて調べれば、昨日の疑問もすべてすぐにわかるだろう」と思ったのが運の尽き。先行研究がほぼ皆無のなか、延々とただ独りで調べ始めただけの話だったのだ(学者とは、そういうものなのだ)。

要するに私のスナック研究は、ふとしたきっかけの出来心から始まった偶然も偶然の産物であり、たまたま私がそれに加えて人並み以上に夜の街が好きだったからという、ただそれだけの話だったのである。

❖夜の街が地域コミュニティで果たす役割

志子田さんは、そんなふうにしてスナック研究を始めたばかりの頃に私の講演を聴き、そして拙著『日本の夜の公共圏――スナック研究序説』（白水社）を読み、その年の暮れの『月刊民商』（二〇一七年十二月号）で次のように記した。

「この本との出会いは、私にとっては大事件でした。この本はスナックを研究対象とした初めての本で、日本のトップクラスの研究者により、それぞれが専門分野を活かした本格的な研究成果が報告されています。私は頭を殴られた気がしました。そして泣きました。スナックが果たしている、地域コミュニティの場としての公共性や、成熟した夜の先輩たちの健全性、その結果としての犯罪の抑止効果など、自分が人生の半分の時間を費やして頑張ってきたこの商売が、こんなにも大事な社会的役割を担っていたとは、まったく気付きませんでした」

私自身も志子田さんによるこの記事を読んで同じように衝撃を受け、そして少し泣いた。先述のとおり、最初はただ学者として知的に面白いから、そして楽しいからと始めただけの自分のスナック研究が、実際に長年、スナックを経営している人たちにこんなふうに伝わっているのか、と。

志子田さんの言葉を読んで以来、スナック、そして夜の街が地域のコミュニティで果たす役割についてさらに考え続け、本当にいろいろな土地で講演してまわり、そしてコロナ禍がやってきた。

私ほどスナックをはじめとする夜の街を全国にわたって実地で知り、そして、飲食店を苦しめた営業規制の是非について法的な観点から根本的に論じることのできる人間はほかにいなかったのである。

そうか、自分はこのためにスナック、そして夜の街の研究を始めたのかと、私は天による召命（しょうめい）に近いものを感じたのだった。

最後に冒頭のスナックｆの話に戻るが、中原さんによるならこの店名は「楽しい（fun）」「店のファン（fan）」、そして「友達（friend）」などの頭文字で、「お客さんがそれぞれでｆのつく言葉を思い浮かべてくれれば」とつけたものだと言う。楽しく営業し、すでに少なからぬファンや地元の友人たちに支えられたこの店が、いつか志子田さんの「ときお」のような老舗となった日にもfを訪れるのを楽しみにしている。

取材日：二〇二二年九月八日(木)～十日(土)

第十一章

「東京右半分」であふれる商売の熱量

――東京都北区赤羽・荒川区西尾久――

❖人同士の距離が近い街・赤羽

二〇二二年九月上旬、夕刻まだ明るい時間に赤羽駅（東京都北区）に降り立った。十九時からの取材の約束だったのだが、その前に久しぶりに赤羽の街の様子を少し見ておきたかったからだ。

駅からすぐの目抜き通りである一番街のほうに向かった私は、いきなり面食らうことになった。街が人であふれかえっていたのだ。路上にテーブルを出し、ビールジョッキを交わしながら賑わっている宴席だらけなのである。老舗「まるます家」が人手不足で臨時休業の看板を出しているすぐ横で、若者向けの新しい店には鈴なりの行列ができており、鮮烈な対比をなしていた。

コロナ禍になって以来、これほどの夜の街の人出を見たことのなかった私は、仰天しつつ細い路地からOK横丁に入ってみた。そこでも肩が触れあうほどの人いきれで、突然「お兄さん歌うたっていかない?」とスナックの従業員とおぼしき女性から声をかけられたのだが、ビックリして咄嗟の応答ができなかった。コロナ禍以降、夜の街でこんなふうに声をか

赤羽の老舗居酒屋「まるます家」とその近くで賑わう人びと

けられることは絶無だったので、身体もアタマもついてゆかなかったというのが正直なところだったのだ。それにしてもこの街は、人と人の距離が近い。

しばらく歩いてから久方ぶりに初見の焼き鳥屋に入ってビールで喉(のど)を潤(うるお)し、しかるのちにバーとスナックの間のような店に飛び込みで入った。そこにいる人たちと少し歓談したが、ママは山形県出身、カウンターのこちら側のお客も青森県出身で、東北人ばかりの店内だった。

赤羽を訪れると私のアタマの中に浮かぶ言葉がある。――「東京右半分」だ。皇居（旧江戸城）を中心にして、城東／城西といった方角による東京の分け方があるが、その右半分をざっくりと示した言葉である。都築響一の本のタイトルでもあるが、じつのところ私にとっては、東京のなかで馴染みの薄いエリアである。

関西や九州などの西日本から上京した人びとは新宿・渋谷などの私鉄ターミナル駅よりも西（つまり東京左半分）に住みがちで、東日本とくに東北から来た人びとは東京右半分に住む、という話がある。

私もその例に漏れず、渋谷・新宿よりも山手線の内側、そして右半分のほうには住んだことがなく、西日本出身の私の友人の多くも、そうであるように思う。それに対して、東京右半分、とくに赤羽近辺などは東北出身者が多く住んでいるように思われるのだ。

コロナ禍になる前、同じく北区の十条で呑んでいるときに他の客と話していると、埼玉県大宮や福島県郡山への心理的距離感の近さを知り驚いたものだったが、先述の飛び込みで入った赤羽の店での東北出身者たちとの邂逅は、このことを私に思い出させたのだった。

ホームレスからスナックのママに

独り酒を済ませたのち、私は少し繁華街からは外れた所にある「唄声ラウンジ　あけぼの」に向かった。以前、ある媒体の座談会で知り合ったママの店である。

「あけぼの」のママは難波妙子さん。神戸生まれだが、まだ乳飲み子の頃に足立区竹の塚に家族で引っ越して来た。その後、一時期、川崎市に住んだが、小学校に上がる少し前から東京都北区浮間で育った。部活のバスケの推薦で高校に入ったものの、学校生活に楽しさを見出すことができず「早く社会に出たい！」と思って中退したのだが、どうしても自活をしたくなり、十六歳で家出をするに至った。

家出後、最初の一カ月くらいは友だちの家にいたが、いつまでもそこにいるわけにもゆかず行き場を失い、地元の浮間公園でホームレスをすることになった。季節は梅雨で、ボロボロになり三日ほどは満足に寝ていない状態で公園のベンチに座っていたら、通りすがりのオジサンから「スナックで働いてみないか」と声をかけられたのが、この道に入ったきっかけだったという。

公園で声をかけられたのちに当時、戸田公園（埼玉県戸田市）にあった「一源」という居酒屋でご飯を食べさせてもらい詳しい話を聞くと、夜の八時から朝五時までの勤務で時給一二〇〇円とのことだったという。

スナックで働き始めはしたものの相変わらず帰るべき家はないので、店泊したり川口のほうの健康ランドに泊まったりして日々をしのいでいたが、あるとき「西川口のほうに心霊ラブホがあって一人で格安で泊まれる」という噂を聞き、そこに泊まったりもしていた。「一人で寝られるのは本当に快適でしたね」と難波さんは当時を思い出して話すのだった。

そんな感じで水商売を続けていたが、じつは小学校一年生のときからやっていたバレエだけは続けていて、家出のときにもって出たトウシューズを履いて、母代わりだったバレエの先生のところには通い続けた。十七歳のときからバレエの講師もやりながらの水商売稼業だったのである。

二十代の後半まで赤羽のＯＫ横丁の店にいたが、その間、二十歳のときに大検に受かり、夜の仕事を続けながら二十六歳で大学を卒業した。当時の店のママから店を継がないかと誘われたものの、大学の勉強も大変だったので、それは断ったのだった。この間、じつは南浦和のスナックも掛け持ちしていたのだが、そこで出会ったママが「人生の恩師」のような人だったと言う。

❖ 地元コミュニティに支えられた賑わい

その後、三十歳のとき、結婚を機に自分の店をやろうと思い立ち、かつて自分が生まれた神戸で芸者あがりの曾祖母と、その娘である祖母が二代にわたって経営していた「あけぼの」という飲み屋の名前を引き継いで、現在の店をオープンしたのだった。

じつはいまの場所の店舗は二軒目で、一軒目は上の住人の失火で焼けてしまったのだが、消火作業中に難波さんに声をかけたのがいまの店舗の大家の玉川晴彦さんだった。「あけぼの」の常連だった玉川さんは地元の消防団員として消火作業に来ており、自分の店が燃えるのを見て呆然としている難波さんに「燃えちゃったけど、ウチの一階空いてるから入る?」というところから、いまの場所になったのだと言う。

いまの店は二〇一九年の五月からで、翌年からコロナ禍になってしまったが、先ほどの玉川さんをはじめ多くの地元の常連さんたちに支えられてやってこられたのだった。コロナ禍で店を開けられないなか、難波さんは地元の青年会議所に入ったりもし、地域の人びととの縁を広げ深めていったりもした。コロナ中の政府からの協力金についても難波さんは「自分なんかよりも、もっと困っている人もいたんじゃないかと思ってしまい、申し訳ないほどだった」と話すのだった。

赤羽といえば、二〇一八年の歳末に惜しまれつつ閉店したグランドキャバレー「ハリウッ

「唄声ラウンジ あけぼの」の店内。左から相川政美さん、玉川晴彦さん、ママの難波妙子さん

ド」が有名だったが、じつは現在の「あけぼの」が入るビルの上階は、かつてハリウッドのホステスさんたちの寮だったそうだ。大家の玉川さんは、「あけぼの」で私たちと一緒に呑みながら、当時のホステスさんたちのやり取りを面白おかしく話してくれた。

取材当日、「北区の顔」ともいうべき地元建設会社の越野充博社長（東京商工会議所北支部会長）や相川政美さんなど「あけぼの」応援団ともいうべき人びとが同席していたが、彼らの話を聞くにつけ、赤羽は地元の人たちが助け合う地域の絆がしっかりした街であることを知らされたのだった。

赤羽での取材日、コロナ禍になって以来、こんなに多くの人が呑みに出て賑わっている夜の街は本当に久しぶりに目にした。しっかりとした地元コミュニティに支えられているからこその賑わいなのだろう。

取材からの帰路、深夜の赤羽で客引きから「本日〝クソビッチ系〟が大漁ですが、いかがっすか〜」とあまりにも斬新な声がけをされ度肝を抜かれた私であったが、久方ぶりに目にした喧噪（けんそう）にさんざめく雑踏は心地よい酔いをもたらした。

❖「水商売味」を抜いたスナック

いま一つ「東京右半分」の話を。舞台は、荒川区西尾久（にしおぐ）である。赤羽「あけぼの」訪問からしばらくして、荒川線小台（おだい）駅から歩いてすぐのところにある「街中スナック」を訪れた。二〇二二年の五月にオープンした「新しいかたち」のスナックだ。

このスナックの仕掛け人は田中類（るい）さん。以前Ｚｏｏｍで一度相談に乗ったことがあり、そのときにこのスナックの業態についてひと通りの説明は受けていたのだが、実際に店に行ってみて、私は驚くことになるのだった。

名前からも察せられるとおり、この店は「水商売味（み）」を抜いたコミュニティ志向のスナックなのだが、その外観は意外なものである。四つ辻の角地近くの路面の良い場所にガラス張りの明るい店内の様子がよく見えるのだ（何という健全な雰囲気）。

店内のメニューもふるっている。「乾」の印がついた乾杯メニューは隣に座った人（初対面の人など）との乾杯用の二杯目が割引きになるもので、それをきっかけに会話の糸口をつかめるようにしているのだ。ありそうでなかったこのアイデアに、私は舌を巻いた。

メニューにはほかに「シェアボトル」というものもあり、店にボトルを入れたら誰でもそれを呑んでよいと言うのである（メニューでは「シ」の印がついている）。いずれも店内での楽しい会話の糸口を自然なかたちで提供するものだ。

朝八時からは「街中キッサ（喫茶）」として営業し、夕方五時からのスナック営業を連続で通して午後十時に閉店する。カラオケはないのが、この店のスタイルだ。提供する料理も調理の手間をかけずに会話に集中できるように、セントラルキッチンから送られてくる本格的だが簡単に湯煎（ゆせん）調理できるものを提供している。

❖「街と街をつなぐこと」

「街中スナック」の仕掛け人である田中類さん(左)とスタッフ

田中さんは荒川区でカフェや雑貨屋を営む傍ら、この十年ほど地域のまちづくりに携わってきたが、その延長線上で、この「街中スナック」を始めた。コロナ禍になり地域で最も深刻な問題の一つとして感じたのは、シニア層が行き場をなくしてしまったことだった。田中さんは、いろんな世代がつながってこそ街は元気になるはずという信念のもと、この店を始めた。カラオケがないのも、お客同士のコミュニケーションを重視した結果であり、「とにかく、みんなでお喋りしてほしいのです」と田中さんは話す。

実際、近所に知り合いがいることの重要性は、このコロナ禍で皆が思い知ったことだったのではないだろうか。つまらないことだと思われるかもしれないが、近所の道ばたで知り合いから挨拶され二言三言の世間話をするだけでも、それがどれだけの効用をもつことか。昨今流行り（はやり）の言葉で言うなら、これこそが「ウェルビーイング」なのではないだろうか。

この店のスタッフはまちづくりに興味をもつ二十～三十代の若者にやってもらうようにし、近所の掃除をしたり、店のお客さんたちと貸し切りバスで小旅行をするイベントを打ったりと、コミュニティの醸成に一役買っているスナックなのである。

西尾久の店舗は、地元で高齢者サポートをする会社が運営しており、田中さん自身はこの「街中スナック」をボランタリーチェーンとして展開してゆく火つけ役として全国を飛び回っている。じつは西尾久のこの店も、福井県での店舗に続く二店舗目である。

世代を超えた街の人びとのつながりをめざす田中さんだが、その気持ちは店のロゴによく表れている。「町」ではなく「街」中スナックなのは、「街」という文字に人びとが集まりみんなでつくってゆく場所というイメージを読み込んでいるからだと言う。

そういうメッセージを込めて、店の看板にも使われている「街中スナック」というロゴは、「街」の字の右端と「中」の字がなかば融合し、「街仲」とも読めるようになっているのだった。「街中で仲良くなる、仲間がいる」のである。

田中さんは、その後も京都や沖縄に「街中スナック」を開店するコーディネイトをし続けている。近々、スタッフの研修を行なうのに特化した店舗も西尾久に開く予定だ（現在は稼働中）。

「街中スナック」の最終目標は、全国に七九二ある「市」と東京二三区を合わせた八一五店舗の展開だと田中さんは話す。現在営業している店舗間でも、店に据え付けられた大型モニタ（とカメラ）を通じて、遠隔地の店舗間をリアルタイムで結んで交流することもできるようになっており、また各店の「ママ」は他地域の店舗でもママとして店に立つことができる。田中さんは一つの街の中だけで完結するのではなく、「街と街をつなぐこと」もめざしているのだ。

この「七九二」や「八一五」という数字、もしかすると誇大妄想的な大風呂敷だと思われるかもしれない。しかし、私はお世辞抜きに面白い試みだと思ってしまうのである。

❖ 商売としてのあふれんばかりの熱量

今回取り上げた二軒は、かたや波瀾万丈のスナックのママの半生記であり、「これぞ水商売の物語」とでもいうべきもの。他方は水商売の「水」の部分を脱色した当世風・先端的なスナックの新展開であり、一見それらは水と油のように交わることのないまったくの別物であるように見えるかもしれない。

しかし、私はこの二つに共通していることがあると思うのだ。それは、懐古趣味の対象とされてしまうような場末のスナック風に甘んじて滞留沈殿するのではなく、「商売」として新鮮で活き活きとした営みがそこでなされている点である。

「東京右半分」は、ともすれば穴場的な下町として、サブカル風な場末探訪の対象として見られがちなエリアだが、腕一本でコロナ禍をもちこたえ地元の常連との強い結びつきの下に店を繁盛させる「あけぼの」も、斬新なアイデアと（傍目からはやや〝狂気〟とも思える）意欲によって旺盛に事業展開してゆこうとしている「街中スナック」も、「商売」としてのあふれんばかりの「意気地」と「熱量」をもった場所なのである。

とかくスナックをはじめとする水商売稼業全般には、後ろ暗い退嬰的なイメージがついてまわるものだが、私が本連載で紹介してきた店がすべてそうであったように、この商売の本領は、いまこのときに勢いづいた活発さの中にこそあるのだ。私はそんな「勢い」のある店を好むが、今回紹介した二軒は、まさにその典型をまったく違った様相においてではあるが、ハッキリと示している好例ではないだろうか。

取材日：［赤羽］二〇二一年九月三日（土）、［西尾久］九月二十日（火）

第十二章

小さなオデュッセウスの帰還

東京都渋谷区・中央区銀座

❖「夜の街」の原点

二〇二一年十月末に札幌すすきのを取材で訪れたのを皮切りに始まった夜の街をめぐる旅も、本章で最後を迎える。一年以上にわたり日本列島を縦断する旅から旅への取材の日々だったが、長い旅もここに終わるのだ。

二〇二二年の歳末（さいまつ）、サッカーW杯の日本vs.クロアチア戦が行なわれる日の午後、私は渋谷にある一軒のバーを営業時間前に訪れた。宇田川町交番の少し奥まったところの地下にある店で、名を「Aquavit（アクアヴィット）」という。じつのところ、この店こそ私が初めて自分で「夜の街」に足を踏み入れた場所であり、気がついたらすでに四半世紀に及ぶ付き合いになってしまっていたのだった。

店主であるバーテンダーの山口秀之さんは、私と同学年（歳は一つ上）。十八歳で進学のため滋賀県から上京して来たのだが、学生時代に渋谷のレストランバーでアルバイトをし始めたのをきっかけに夜の世界へ入ることとなり、一九九七年、現在の場所で最初は雇われ店長としてバーを始めたのだった。バーテンダーを始めたばかりの頃、山口さんは「背伸びして大人の世界を垣間見ている感じだった」と話していたが、同じ時間を過ごしてきた私も「そうだったよな」と遠い昔をしみじみと思い返した。

じつはこの店、いまの「Aquavit」になる前は「Poust Club（パウストクラブ）」というバーボン専門の店で、カウンターに革張りの肘掛けがついている珍しいしつらえのバーだったのだ。初めてこの店に来たとき、その見事な肘掛けに感嘆（かんたん）したのをいまでもハッキリと覚えている。店の内装はほぼ居抜きだったため、いまでもこの肘掛けはカウンターの手前に備えつけられている。同じ場所にあった前の店のときから店内を知っているというちょっと珍しい縁なのだが、開店直後から今日に至るまで付き合いの続いた数少ない店の一つなのである。

バーテンダーの山口秀之さん

コロナ禍（か）のため、ずいぶん久しく渋谷からも足が遠のいていたので数年ぶりに山口さんと会うことになった。考えてみれば営業時間外に、こうやって二人だけでゆっくり話をするのは初めてのことで、お互い「こんなのは初めてだね」と感慨深くこの二十数年の歳月を振り返った。

若い頃は本当によくこの店に通ったもので、いまでも思い出すのは、夜中にパジャマのまま「Aquavit」に来た夜のことだ。当時は私もまだ若かったので、ある夏の深夜、コンビニにパジャマのまま行ったところ、ふと「このまま渋谷まで行っちゃうか?」と思いつきでそのまま本当に渋谷の「Aquavit」まで来てしまったのだった。馴染み(なじみ)の客もいる店内にパジャマ姿で現れたときのことは「いまでもよく覚えている」と、山口さんと笑い合った。

渋谷からネオンの灯が絶えた日

この三十年ほどの渋谷の夜の店の移り変わりには、凄(すさ)まじいものがある。かつて客として訪れていた羽振りの良かった人びとも完全に入れ替わってしまい、近所でいまでも残っている当時の店は数えるほどしかないように思われる。いまやこの店も文字どおりの堂々たる「渋谷の老舗(しにせ)」なのだ(当時からあった店は交番脇のソープランド「角海老(かどえび)」とバー「門」くらいなのではないだろうか)。

六年ほど前に山口さんは、この店をオーナーから買い取ったが、その後コロナ下の夜の街の例に漏れず、大変な苦労をした。じつは私も感染拡大期にラジオの仕事で渋谷に行くことがあり、その帰りしな「Aquavit」に立ち寄ったのだが、週末の夜に店の灯りが消えたままになっているのを目にした。

その日の帰路、ちょうど午後八時に渋谷駅前の交差点に差し掛かった瞬間、街中のネオンが一斉に消灯するのを若い人たちが絶叫してカウントダウンしていたのは忘れることのできない異様な光景だ。

取材時点でも客の戻りは七割くらいということで、なかなか完全にコロナ前の旧には復さないのだが、じつのところ、これまで三十年近く営業してきて一番キツかったのは、二〇一一年の震災のときだったと山口さんは言う。あのときは電力問題のため「渋谷の夜の街の灯が完全に消えてしまったのが本当にショックだった」と。

たしかにネオンの灯が絶えた夜の街ほど、うら悲しいものはない。私自身、このコロナ禍のなかそのような光景を嫌というほど見てきたからこそ、この言葉の意味がわかる。

大学に入りたての頃、初めて東京で馴染んだ街だった渋谷や下北沢は、駅の大規模改築などもあって当時とはまったく違った姿となり、私たちの青春の東京はことごとく消え去ってしまった。しかし、かつてと変わらぬ場所に、同じ人がカウンターの中に立つ店があり、そこに「おかえりなさい」と迎えられることができるのは、夜の街の小さな幸せである。そんなことを思いながら、深夜のW杯の狂騒(きようそう)を前にしていまだ平静な夕暮れ時の渋谷を去り、私は帰路についたのだった。

❖ 銀座のママとの偶然の出会い

最後に取り上げたいのは、日本を代表する夜の街「銀座」である。店名は奇(く)しくも「おかえりなさい　さつま二」。夜の店との出会いはさまざまだが、この店との出会いは二〇一八年六月、銀座の知り合いの店で呑(の)んだ帰りの深夜〇時を過ぎ、銀座界隈の店はおおむね店じまいとなった頃合いだった。

高級クラブのママやホステスがそこらじゅうでタクシーを捕まえ客を見送るじつに銀座らしい光景を横目に見ながらブラブラ歩いていると、のちにこの店のママであると知る植村亜紀子さんがお客を店外のタクシーに見送る姿を目にした。

たまたま店の前を通りかかった私は、小さく瀟洒(しようしや)な店名のプレートに書かれた文字を見て「会員制かぁ」とは思ったのだが、見送りを終えて戻ってくる植村さんに「初めてなんですが、入れていただけますか？」と思い切って声をかけた。彼女は私を一瞥（いちべつ）してすぐに「イイですよ」と言い店に入れてくれたのだが、それがこの店との付き合いの始まりだった。何度か店に足を運んでから聞いたところ、「会員制」というのは本当で、こんなふうに初めての人を店に入れることは、ほぼないとのことだった。のちに植村さんに聞くと「そのとき、谷口さんの目を見て大丈夫だろうと思った」とのことだった。有り難いことである。

銀座の会員制バー「おかえりなさい　さつま二」のママである植村亜紀子さん

初めて店を訪れた日、私はお土産（みやげ）に植村さんの半生を綴（つづ）った『殿方ごめんあそばせ』（さんぜん舎、二〇一〇年）という本を貰った。夜の街で成功した経営者の本はざらにあるので、この本もそういう一冊だろうと高（たか）をくくり、翌日、山手線の車内で読み始めたのだが、私は深く後悔することになった。――面白いのである。いや面白すぎるのだ。途中、私は電車の中で思わず声を出して噴き出しそうになったり、唸ったりしてしまうのを必死に堪えたが、途中で電車の中で読むのを断念し、帰宅してから安全（？）な環境で読了するに至った。

❖母との葛藤と繰り返される離別

植村さんは鹿児島県薩摩川内市出身。菜種油の大きな工場を経営する家に生まれた。父は東京工業大学を卒業しているが、その九人兄弟も当時としては珍しく全員大学を出ており、これは祖母が教育を非常に重視した影響だったという。しかし、このことは彼女に学歴にまつわるコンプレックスを残すことともなったのだが……。小中高を地元で過ごしたあと、鹿児島女子短大を卒業し、その後東京に出て来ることになった。

小学生のときに父を交通事故で亡くしており、そのことを高校生のとき、作文に書き残している。損保協会の作文コンクールで全国三位を受賞した文章が、先ほどの本の中に再録されている。それを読むと、この本が彼女の自らの手で書かれたもの（文章が巧いのである）であることが良くわかる。

父の死後、親戚のところに預けられたりもしつつ決して平坦とはいえぬ子ども時代を過ごしたが、一人っ子の自分を立派に育て上げようとする母のスパルタ教育は、時として行き過ぎた虐待だった。誰にも虐待を悟られないようにと、殴られた痕を母のファンデーションで隠しさえした。著書の中では「ドイツのナチスに育てられているようだ」と記されているが、この母との葛藤が植村さんの人生に大きな影を落としてきたのだった。

中学生の頃に東京の芸能事務所からスカウトされたこともあったが、大学までは鹿児島でという母の言葉に従い、キャンパスクイーンなどにも選ばれる華やかな短大時代を送り、卒業とともに上京した。

東京ではオーディションに受かって高津住男と真屋順子が主宰する劇団・樹間舎に入団したが、付き合っていた男性の借金を返すため教材販売のセールスも始め、いつしか日本一の売り上げをあげるまでになった。お金は必要だったが水商売だけはどうしてもイヤで、「男に媚びる職に就くよりは飢え死にを」とまで思っていたという。しかし、四年間の二足の草鞋に疲れた彼女は二十六歳のときに鹿児島に帰って最初の結婚をし、すぐに初めての子どもを授かったのだった。

このときの子・隆太郎さんは、その後、地元の大学の歯学部を卒業し、植村さんを医者にしたかった亡き父の思いを継ぐように鹿児島で歯科医をしている。

鹿児島では旦那さんが公務員を辞めて始めた会員制の麻雀クラブを手伝い、三年後には待望の女の子を授かった。しかし、三十歳になった植村さんは、いつしか受け身ではなく主体的に自分で何かをしたいと強く思うようになった。先述の母との葛藤もある。心の中にわだかまる虚無感を埋めるためにも、植村さんは夫にも黙って、鹿児島市随一の盛り場である天文館で「酒彩おかえりなさい」という食事処をいきなり始めたのだった。二人目の子どもが生まれて間もない一九九五年、八坪の店舗からの出発である。このときはまだ、水商売をやるつもりは一切なかったのだが。

当然、店をオープンして三日で夫の知るところとなったが、彼は何の不満もなく応援してくれたという。店はすぐに評判になって繁盛したものの、さまざまな試練もあった。天文館の有名クラブのベテランホステスに店内で頭から味噌汁をかけられ、味噌汁の具のえのきを髪飾りに仕事を続けた日もあったという（このくだりは本の中で最も強い印象を残す箇所の一つである……）。

この頃、最初の旦那さんと離婚することになる。植村さんは「自分自身の一方的な気持ちで、最も優しかった主人に別れを告げてしまい、いま考えると本当に自分勝手な女だったな」と心を傷(いた)めているという。その後、「酒彩おかえりなさい」に毎日来ていたお客と二度目の結婚をすることになった。十九年後に彼にも、自ら別れを告げてしまうのだが、自分の人生の中では「最初で最後の恋だったかもしれない」と植村さんは話すのだった。

繰り返される離別は、強烈な母との葛藤から生じた心の虚無感の成せるわざだったのかもしれない。東京に来てからは「贖罪(しょくざい)」の意味も込めて男性との付き合いを九年間封印すると心決めして現在に至っているが、最近では「武士のように」思い定めて厳しく自らの身を戒(いまし)めるだけでなくても良いのではないかと思い始めているともいう。

❖「夜の武士」

鹿児島での話に戻ろう。――その後、常連客たちから接待の場所が欲しいのでスナックをつくってくれと言われ、あれよあれよという間にカウンターバーの二号店「おかえりなさいＡＮＡＴＡ」を開店し、一九九九年には一〇〇坪の「倶楽部おかえりなさい」を構えるまでに至ったのだった。

本の中にはヤクザがらみの肝が冷える話も出てくるが、苛烈(かれつ)な母に精神を鍛えられすぎたためか「母よりも怖い人はいない」と思うようになってしまって、苦境を乗り切ってきたのかもしれないという。植村さんは「武士のように育てられてきたから」とも話していたが、これこそが私の彼女に対するイメージを正確に表した言葉である。そう、彼女は「夜の武士」なのだ。この話をすると、植村さんは「本当は涙もろくて情に弱い部分もあるんですよ」と笑って話すのだった。

自分自身は酒を一滴も呑めないが、天文館随一ともいえる大箱を経営し、いつしか鹿児島県の社交業組合の理事長を務めるまでになった。しかし、理事長の仕事でしばしば東京へと来るようになって、植村さんのなかで東京、なかんずく銀座でこそ一旗あげたいという気持ちが再び急速に膨(ふく)らむこととなった。この気持ちはじつのところ、最初の店(「酒彩おかえりなさい」)を始めたときから口にしていたことでもあったのだが。

思いついたら即行動、それが植村さんである。あるとき、上京し、不動産屋に頼んで二〇軒ほどの物件を見て回ったが、どうにも気に入る店舗がない。せっかく銀座で店をやるなら一階の路面店が良かったのだ。

しかし、そんな物件、簡単に見つかるはずもない。一緒に物件巡りをしていた不動産屋の若者に食い下がり、奇跡的に現在の店舗を見つけた。家主宛に自分の思いの丈(たけ)をしたためた手紙などを不動産屋の若者に託してみたりして、最終的には、理想の店舗を見事に射止めたのだった。入居が決まったときには「裏にどんな（政治家などの）バックがいるんですか？」とさえ聞かれたという。そんなものはなく、本当にたった一人の徒手空拳での船出だったのだが。

◈「銀座フィルター」を突破する底力

しかし、そうやって始めた銀座の店も当初は苦難の連続だった。客が来ないのである。娘さんが寝静まった自宅で高い家賃と人件費に悩み、毎日胃薬を飲んで泣いた。銀座の店で初めて迎えた彼女の誕生日は、鹿児島天文館でなら二〇〇本以上の蘭の鉢植えなどが届く盛大なものだったが、知り合いのピアニストの女性がカウンターに一人だけ座り、ピアノでハッピーバースデーを演奏してくれる寂しいものだった。その日、娘の樹麗さんがピエロの変装をし、ヘリウムガスで声をかえてサプライズで訪れたことは、忘れがたい思い出として残っているという。

何カ月も客のいない苦しい状況は、あるときを境に変化していった。地元の名門校ラサールの卒業生たちが鹿児島だけでなく東京、そして全国から訪れてくれるようになったのである。私が最初に店を訪れたのも、この頃だった。

念願の銀座に店を構え、ようやく順調な日々を送り始めたように見えたが、そこに訪れたのがコロナ禍だったのである。銀座の他の店の例に漏れず、社会的地位のある（したがって高齢でもある）お客が多かった店は再び苦境に陥ることになった。コロナ禍のなかでは、同情した三人のお客さんから「銀行口座にお金を振り込みたい」あるいは「一〇〇〇万円でも」という話さえあったが、植村さんは、それに甘えるわけにはゆかないと、すべての申し出を固辞した。

そんななか、再び転機がやってくることになる。ある雨の日、すぐそばの寿司屋で働いていた年下の男性が、植村さんに傘をさしかけてくれた。とても自然な親切をきっかけに彼女は、その男性の仕事上の悩みの相談などに親身になって乗ることになったのだった。その後、彼は近所で会員制の高級寿司店の社長となり、そこから若く勢いのある事業家などが「おかえりなさい」にやって来るようになった。銀座の多くの店が課題として抱えるであろう世代交代と客層の広がりが、コロナ禍の下、劇的なかたちで成し遂げられたのだった。

いまでは店に来る多くの人が、亜紀子ママの店に訪れると運気が上がる、運勢を見てもらおうとやって来る。「雨の日に傘をさしてくれた彼は〈龍神様〉だったんですね」と植村さんは話すのだった。

岡本哲志の『銀座四百年　都市空間の歴史』（講談社選書メチエ、二〇〇六年）という本の中に銀座の人たちがよく口にするある言葉についての印象深いくだりがある。

「『銀座フィルター』は銀座で商いを望む人たちを拒まないが、街に同化できなければ自ずと去っていく、篩（ふるい）のようなものがあるというのである。大企業でも、小さな店でも、街を育てる企業努力なくして、銀座での商いは長続きしないという意味である。最も経済性が問われる銀座でありながら、経済一辺倒の論理だけでは成立し得ない、街と共に生きる銀座の店のあり方がこの言葉に示されている」

〔同書一六八頁〕

いまでは植村さんの夢を受け継いで演劇で活躍している娘の樹麗さんや、その演劇友だちも植村さんを慕（した）って店で働いている。峻烈（しゅんれつ）な母に多くを負った人生だったが、いま植村さんはコロナ禍の苦境を乗り切り、この生き馬の目を抜く夜の街で見事に「銀座フィルター」を突破したように私には思われるのである。彼女は自らの人生を己（おのれ）の力で切り拓き、今日も銀座で店を開けている。

❖ 夜の街は「帰るべき港」

以上で夜の旅は終わることとなる。これまで登場した店のすべては、いつか私がまた訪れるときに「帰るべき港」である。街の姿は時とともに移り変わるが、知っている店、親しい人がそこにある限り、私は「ただいま」と帰り、「おかえりなさい」と迎えられることができるのだ。

本書で取り上げたさまざまな土地のさまざまな人びとの半生は、配偶者との離別、借金や裏切り、事故や大病、そして時として死など、しばしば劇的な要素を伴うものでもあったが、わざわざそういう人たちを選りに選っているわけではなく、話を聞いてみたらたまたまそうだっただけなのだ。我々は劇的なものを含む他者の生を巡る物語に心動かされるが、それはあたかも古くからある「神話」がそうであるように、限りあるパターンをさまざまに組み合わせた膨大なバリエーションの「小さな神話」を、夜の街を通して知るのである。

古今東西の神話の構造を明らかにしたジョーゼフ・キャンベルの古典『千の顔をもつ英雄

〔新訳版〕』（上・下巻、早川書房、二〇一五年）の中では、神話の主人公たる「英雄」の旅にまつわる必須の要素の一つとして「帰還」を挙げている。『イリアス』でトロイの木馬を発案した狡知に長けた王、オデュッセウスの故郷イタケーへの帰還の物語は、我々にとっても馴染みの深い神話的物語の一つだろう。

題名そのものがのちに「長い旅」を意味する言葉へと変化した物語『オデュッセウス』。それが、キュクロプスやセイレーンたちをはじめとするさまざまな怪異と渡り合い、浜辺でナウシカと出会ったオデュッセウスの、冒険の果ての故郷への帰還の物語であるように、日本全国津々浦々で馴染みの店へと帰って来る小さな英雄たちもまた、幾百万幾千万の「小さなオデュッセウスの帰還」を、今夜も成し遂げているのである。

取材日：〔渋谷〕二〇二二年十二月五日(月)、〔銀座〕十二月十二日(月)

終章

「夜の街」の憲法論

❖左派三紙の啞然とする憲法特集

二〇二一年五月三日の憲法記念日、もう二十年以上、個人的な恒例行事になっている新聞全紙購入をしてきた。二〇一五年の「集団的自衛権祭り」の際には異様な盛り上がりを見せた憲法論議も、その後、憑き物が落ちたように低調化し、ここ数年は、各紙、おざなりな内容の企画が続くことも相まって、この恒例行事も苦痛になってきていたのだが……。

折しも三度目の緊急事態宣言が発令され、とうとう外で酒を呑むことさえできなくなった状況下での憲法記念日——韓国・軍事独裁政権の戒厳令下でさえ午前〇時までは外で呑めた酒を禁じられた暗鬱たる日々のただ中で、各紙は何を重視し、どのような特集を組んでいるのか、私は紙面をめくってみた。

結果は予想外の驚きと失望だった。とくに朝日・毎日・東京新聞の左派三紙の内容には思わず目を剝いた。三紙ともに、この状況下で大書して特筆すべき憲法的イシューとして「ジェンダー問題」を掲げていたのだった。

『朝日新聞』は一面に「男女平等の理念　遠い日本」と大見出しを掲げ、二面では昇進差別・女性活躍・選択的夫婦別姓問題、五面には「世界のジェンダー平等の歩み」という巨大な年表を掲載していた。『毎日新聞』は、見開き全面を使っての夫婦別姓議論。きわめつきは『東京新聞』で、一面に「憲法24条　軽視の1年」と大見出しを飾ったうえで、日本学術会議や民主主義科学者協会法律部会の関係者を中心とする学者・弁護士・活動家などの「有識者」らが昨年、政府に要望したコロナ禍でのジェンダー平等の対策強化（九項目）の政策反映度をチェックしていたのだった。このようなかたちでの「チェック」に、記事としてのいかなる公共性（客観性）があるのかという問題はさておくとしても、二〇二〇年に最も軽視されたのが憲法二四条であるという認識には唖然とせざるをえなかった。

この間、軽視され続けたのは、男女の別を問わず多くの人びとの生活を根底から脅かした「営業の自由」にまつわる問題、つまり憲法二二条だったのではないか、というのが私自身の偽らざる思いだったからだ。

友人の学者は、以上のような各紙の紙面構成に対して「マジでトランプ五秒前」と言っていたが、まったくそのとおりであって、その意味するところについては本章後半で「承認の政治」と「再分配の政治」を対比しながら詳述したい。

❖ 苦境に立つスナック

筆者は二〇一五年からサントリー文化財団の研究助成の下、いわゆる「スナック研究会」というものを主催し、その成果として『日本の夜の公共圏　スナック研究序説』（白水社）という本を出したりもしている。その関係で、このコロナ下でも全国のスナック経営者の方々からメールや電話、ときにはＺｏｏｍなどを通じて、厳しい状況について話を伺い、また相談や愚痴を聞くことも多い。二〇二〇年の夏頃には、あまりにも多くの苦境についての話を聴きすぎた結果、自分自身もスナック経営者の心情と同一化してしまい、深刻な気鬱になってしまったほどだった。いまでもスナックを含む飲食店の経営者たちが、どのような気持ちで毎日を過ごしているかと考えると、いたたまれなくなる日々だ。

二〇二〇年四月から独自に全国のスナックの軒数を経時的に記録し始めたが、この一年ちょっとの間に、最も少なく見積もっても八〇〇〇軒以上（全体の一割超）のスナックが全国で廃業しており、この勢いはさらに加速することが予想される。一つの産業セクターとしては壊滅的な事態である。

この間、仕事で訪れたある地方都市では、緊急事態宣言その他いかなる営業制限も出されていないにもかかわらず、その地域では最大の歓楽街の九割を超える店が灯(あか)りを消してドアを閉ざしていた。所在なげに佇(たたず)む客引きの男性と立ち話したところでは、とにかく夜になると人っこ一人歩かないので、予約があるとき、週末だけ店を開けるのだと言う。

地元の大手経営者の話では、シングルマザーで子どもを抱え路頭に迷いそうになっているホステスさんたちを助けるために、地元商工業界の名士たちが会社や工場で彼女たちを臨時で雇う分担の振り分けさえしているとのことだった。「(緊急事態)宣言が出たりして休業させられたほうが、協力金などが出るので羨(うら)ましい」という話が重く心に残る。このような話は、全国いたるところで、現在進行形で存在している。

コロナ下の初期から「夜の街」として指弾(しだん)・規制の対象とされた、このスナックという存在、じつのところ前回の東京オリンピック(一九六四年)と共に生まれたものなのだが、二度目のオリンピックを迎えるこのタイミングでの、この惨(むご)たらしいまでの状況は、もはや皮肉を通り越して、それを表現する言葉さえない。首都圏に住むホワイトカラー層には、あまりピンとこないかもしれないが、近年でもとくに地方部ではスナックは夜の社交を通じた一種の「公共圏」として重要な機能を果たし続けてきた場所であり、また、人口減少に苦しむ自治体では公的助成を受けた「夜の公民館」的なスナックや、あるいは超高齢化社会に対応した「介護スナック」などの画期的な取り組みも存在しているのである。圧倒的なコロナ下の存在に覆い隠されてしまった人口減や高齢化などの問題が再び前景化される日まで、全国のスナックのどれほどが生き残ることができるだろうか……。

◈「経済的自由」は「精神的自由」より劣るのか

ところで、スナックをはじめとする飲食店に対して、この間、当たり前のように行なわれている「時短」や「休業」要請などの営業規制は、いったい何を根拠として行なわれているのだろうか。そのことを考えるにあたって、かつて憲法学と法哲学の間で行なわれた「二重の基準」論争を振り返ってみたい。

憲法学においては、営業の自由を含む「経済的自由」の公権力による規制は、表現の自由などの「精神的自由」の規制よりも緩(ゆる)やかな司法審査に服すこととなっており、このように規制対象によって基準が二重になっていることを指して「二重の基準」と呼んできた。嚙(か)み砕いて言うなら、「営業の自由」は「表現の自由」や「報道の自由」などに比べると、簡単に政府による規制の対象となってしまうのである。

このようなかたちで経済的自由を精神的自由に対して劣位に置くのは、「知識人」特有の偏見なのではないかと法哲学者の井上達夫は論じた。以下、有名な一節だが、井上は「例えば、中卒の学歴しかないために、社長と呼ばれるのを生き甲斐にして事業に精を出す人や、一国一城の主として独立するために個人タクシーをやりたいと、何度も運輸省に申請を繰り返すタクシー運転手にとっての営業の自由は、自己の研究を発表しようとする大学教授にとっての言論・出版の自由に比して、内在的価値において何ら劣るところはない」と言うのである。

これに対して憲法学者の長谷部恭男(はせべやすお)は、人びとが何に生き甲斐を見い出すかは「当人にとっての主観的価値にとどまる」ものであり、「その当人にとってしか意味の無い行為であるにもかかわらず、なぜ社会一般に共通する『公共の福祉』を理由とする制約に対抗できるのであろうか」と冷淡に反応する。長谷部はさらに「個人の自律を尊ぶ以上は、個人が選んだ生き方についてはその個人が責任を負い、自らそのコストを負担すべきである」とも言うが、これははたして(長谷部も好んでその理論を引用する)ロナルド・ドゥオーキンの「選択の運(ギャンブルなど自らの意志で選択した結果)」と「自然の運(災害など自らの意志によらない不可避な結果)」の区別を踏まえても、また、このコロナ下でもなお、通用する理屈なのだろうか――ちなみにこのことについては最近話題になっているマイケル・サンデルの『実力も運のうち　能力主義は正義か?』(早川書房)のなかでもわかりやすく説明されている。

営業の自由は、じつのところ憲法典のなかには明示的に記されていない言葉であり、それは憲法二二条の「居住、移転・職業選択の自由」から導出される権利だ。これについては複雑な議論が存在し、憲法学者・石川健治などがきわめて精密で整序された議論を展開している。しかし、今回、石川らの議論をあらためて読み返してみて思ったのは、全体として憲法学は大企業を念頭に置いた消費者保護・環境規制や競争政策のほうに関心をもっていかれがちで、普通のありふれた中小事業者の「生存」と「人格実現」がかかった「営業」に定位した議論が希薄なのである。

そもそも、なぜ「精神的自由>経済的自由」なのかというと、前者に含まれる言論・出版の自由は、民主的政治回路を健全に作動させるための必須条件であり、それがいったん損なわれると回復困難なダメージが政治社会にもたらされるからなのだと説明される。

しかし、この間の各種報道を見ている限りでは、はたして民主政の守護神(?)として手厚く擁護されている報道が、我々の政治社会を守るために、本当に正しく立ち働いているのかは甚だ疑問とせざるをえない。みなまでは言いたくないが、昼間の低劣なワイドショーや感染者数だけを垂れ流して不安だけを煽る「報道の自由」を、ただ正直に商売をしたいだけの飲食店を含む中小事業者の「営業の自由」よりも厚く保障することに何の正義があるのだろうか。

もちろん精神的自由が、それ自体として重要なものであり、憲法的価値の中核の一つを構成していることは否定しない。しかし、このような破廉恥な状況が今後も続くようなら、「報道の自由」を含む憲法典全体、立憲主義的秩序そのものの正統性が根本から掘り崩されかねないことが強く懸念されるのである。

❖ コミュニティの喪失が及ぼす影響

私の好きな言葉に「独裁者が恐れるのは、経済生活に疎いインテリなどでは毛頭なく、自分の足でしっかと立つ独立自営業者である」というものがあるが、日々、何の変哲もない営業を続ける自営業者たちこそがデモクラシーの担い手であり、先に示されたような理屈（二重の基準）で劣位に置かれるいわれはないのである。

デモクラシーとの関連では、最近、イギリスのパブについて興味深い論文が話題になっていたことが思い出される。日本のスナックと同様、コミュニティの集(つど)いの場となっているイギリスのパブは、二〇二〇年五月段階で、秋までには全国四万七〇〇〇店のうち四割が閉店する可能性があると報道されていた。この時点では九月までに二万店近くが閉店に追い込まれ、パブで働く二三万人の雇用が失われる可能性があるという試算も出されていたのだった(『毎日新聞』二〇二〇年五月九日)。

ロンドン・スクール・オブ・エコノミクスのダイアン＝ボレット氏は、「孤独な呑んべえ／地域の社会文化的荒廃と極右の伸張――廃業に追い込まれるイギリスのパブを事例に(Bolet, Drinking Alone)」という論文を比較政治学の国際ジャーナルに投稿し、評判を博した。その内容は、地域におけるパブの閉店は、人びとの社会的孤立を引き起こし、イギリスの労働者階級の生活条件の悪化のシグナルになっているというものだ。じつに興味深いことに、パブが地域から姿を消すことによってコミュニティのハブとなる場所が失われ、その帰結としてイギリス独立党(ＵＫＩＰ、右翼政党)への投票行動が促進されるというのである。

この論文は複雑な統計学を駆使(くし)した専門的な内容なのだが、結論は明瞭で、人びとの「夜の社交」を支える場所が失われることは、じつは政治的にも大きなインパクトをもつというきわめてシンプルな指摘を行なっているのである。イギリスでは「コミュニティの中心が永遠に喪われることになり、結果として多くの人の幸福に計り知れない損失をもたらすことになる」ことが懸念されたが、日本におけるスナックの廃業は、どのような意味をもつことになるのだろうか――なお、憲法学のなかでも、このような「社交」の権利を重要なものとして捉え、コロナ下でのその意義を正面から論じるものとして、山羽祥貴「『密』への権利(上)」(『法律時報』二〇二一年五月号)が注目に値する。

❖ 真の立憲主義を守る国家の責任

ようやく冒頭の話に戻るが、左派系各紙の憲法記念日の紙面に私が落胆したのは、それらが、この物理的(生命・健康)にも経済的(営業規制)にも切迫した危機に直面した状況のなかで、あえて「ジェンダー」という観点から「承認(アイデンティティ)の政治」を前面に押し出し、「再分配の政治」を軽視しているからなのだ。

もちろん、コロナ下での若年女性の自殺の急増など、明らかに社会のジェンダー構造に起因する深刻な問題が存在しているのは、よくよく理解しているつもりだ。しかし、ジェンダー構造のような広く深く浸透した社会文化的意味秩序は一挙・全面的に改訂できるものではない。それは粘り強く長い時間をかけて丁寧に解決されるべき問題なのである。コロナ下においてジェンダーをことさらに重視するのには、いまにも死にそうな重症患者に「普段から食事を節制して運動とかもやったほうがイイですよ」とアドバイスするような呑気な鈍感さを感じてしまうのである。

「承認の政治」については、アメリカで何が起きたのかを思い出してみたほうがよいだろう。都市部の大学に立て籠もった文化左翼のエリートたちがアイデンティティの政治にかまけている間に、再分配を求めるラストベルト（さびついた工業地帯）をはじめとする広大な非都市部の「忘れられた人びと」に包囲され、トランプが誕生したのではなかったのか。アメリカでは現在、このことに関する深刻な反省も少なからず表明されているなか、なぜ同じ過ちを繰り返そうとしているのか、私にはその理由がわからない。「マジでトランプ五秒前！」、それがいまの日本なのではないか。

最後に、公平を期すために残りの三紙（日経・読売・産経新聞）についても触れておこう。それぞれ、『日経新聞』は一面では憲法記念日には触れず、『読売新聞』の一面は「巨大IT　言論を左右」となっており、いずれも「営業の自由（憲法二二条）」が危機に瀕しているという明示的な認識はなく、その点では左派三紙と選ぶところはない。

ただ『産経新聞』に関しては、顕著なイデオロギー性が売りであるとはいえ（それは別に問題ないが）、一面全面を使って菅義偉総理のインタビューを載せている神経は疑わざるをえない（権力との緊張感）。また、ジェンダー／セクシュアリティにまつわる問題に中途半端に触れたコラムで保守ぶっているのもいただけない。福田恆存のものとされる「保守とは横丁の蕎麦屋を守ること」という言葉を拳々服膺したほうがよいのではないだろうか。

福田のこの言葉はよく引用されるが、じつはその正確な典拠である「伝統に対する心構」という文章を実際に読んでみると、福田自身はそのようなことは言っておらず、戦時の空襲を思い出し、法隆寺や桂離宮が焼けてしまうよりも、近所の蕎麦屋が焼けてしまうほうが「さびしい」と書いているのである。近所のスナックがコロナ下でなくなってしまうのは、たしかに私にとってもどれだけ伝統のある建造物がなくなるよりも圧倒的かつ絶対的に「さびしい」のである。

かつて政治学者の福田歓一は、現代の福祉国家を、歴史上、空前の権力をもつにいたった政治体であると喝破した。コロナ下において、公衆衛生（防疫）のために日々、生-権力（bio-pouvoir）を行使する国家（政府）は、「営業の自由」を含む立憲主義的秩序の前に居ずまいをただし、なぜ自らの権力行使（営業規制）が正当化されるかの「根拠」を誠実で明瞭な言葉で説明する、重く厳しい責任を課されていることを、痛切に自覚すべきである。

〈文中、敬称略〉

【補記】

本書の成り立ちの発端は、二〇二一年六月発売の『Ｖｏｉｃｅ』七月号に掲載された「『夜の街』の憲法論」に遡るので、この最終章が全ての出発点だったということになる。この論考は、同月半ばに「飲食店は自粛要請に従うべきなのか」という副題を付してＷＥＢ上で公開され、爆発的ともいえる反響を生んだ。私自身が書いたもので、これほどまでに多くの人に読まれ、個々の読者から強く生々しい反応を得たものは無かったと言っても過言ではないだろう。

この論考への様々な反応に対する一つの回答として書かれたのが本書であると言ってもよいわけだが、その中で描き出された問題系は、ｃｏｖｉｄ-19の感染症法上の位置づけが「季節性インフルエンザ」などと同じ五類に移行し、コロナ禍が恐らく名実ともに終焉を迎える時を目前に控えた今となっても未解決のままであるようにも思われる。ほぼ半世紀前に山本七平が『空気の研究』で描いたような日本人のありようは、いまだにそのままのようだ。たとえば「マスク」の問題一つを取っても、「空気」を梃子にしたナッジ〈行動経済学でいうところの強制ではない形で背中をそっと押すように望ましい行動へと人びとを導くソフトなアプローチ〉が上手く行き過ぎ、それの解除方法が分からなくなってしまったことなどがその一例として挙げられるだろう。このことをどのように考え、そして、どうやったら変えてゆくことが出来るのかは、一人の法哲学者として、今後も引き続き大きな課題として残ったと言わざるを得ない。

あとがき

本書の元となる『Ｖｏｉｃｅ』誌での連載タイトルは「コロナ下の夜の街」だったが、コロナ禍の中にある夜の街の苦境を通じ、そこでの営み（水商売）そのものが、むしろクッキリと縁取られた形で描き出せたのではないかと思うようになった。そのような思いから、書籍化に際しては、『日本の水商売』という思い切ったタイトルを付けることにした。この時だからこそ描けた事柄も多かったが、特異な状況が水商売の本質を浮かび上がらせた日々であったようにも思われるのである。

本書で取り上げられたスナックやクラブ（ラウンジ）などの夜の店に関しては、水商売の「水」の部分の特殊性に焦点をあてたものがこれまで主流だったように思われるが、毎号の記事を書き継いでゆく中で、結果として、他のなりわいと変わらぬ「商売」としての側面に良い意味で焦点をあてることが出来たようにも思う。

連載開始当初は、北海道から始まり沖縄までの日本全国を満遍なく取り上げられるようにと取材スケジュールを組んでおいたのだが、コロナ禍の下でという例外的な状況の中、地域の感染状況の急激な悪化などにより（著者の勤務先からの出張自粛勧告などもあった）、関西地方と沖縄に関しては、交通や宿泊先の予約までしておきながら、いずれも二度にわたる出張（取材）中止という事態に見舞われもした。思いついた場所に行ってゼロから取材をしたわけではなく、これまで訪れたことがあるなりして、一定の信頼関係のある店（ひと）を対象にしたため、毎月の連載原稿を仕上げてゆく中で次の取材先をどうするかという点で本当に綱渡りの日々でもあった。

ただ、こうして連載を終えてみると、コロナ禍による特殊な制約の中で、当初の計画からするなら限られた地域を訪れることになってしまったわけではあるが、それらの土地土地を訪れることには、結果的には何かの必然性があったのだと思わざる得ないのも、また事実である。大袈裟かもしれないが、一つひとつの訪問先が、その時にこそ訪れるべき場所だったわけで、これもまた一つの運命だったのかもしれない。

刊行に際して、『Ｖｏｉｃｅ』誌連載時の担当編集者・中西史也さんに厚く御礼申し上げたい。中西さんには本書に登場する取材先の幾つかにも同行してもらい、また毎月〆切までに送った原稿には毎回丁寧な感想を付して返信を下さり、気持ち良く執筆を元気づけて頂いた。各章のタイトルも、連載時の表題と同じく中西さんの手になるものを、そのまま使用している。また、書籍担当の編集者・白地利成さんにお世話になった。白地さんにもいくつかの取材に同行してもらい、また、書籍化についても細やかなご配慮の下、尽力して頂いた。なお、本書の取材・執筆に関しては、サントリー文化財団からの研究助成を受けた点、伏して謝す次第である。

最後に最も感謝すべきは、取材にご協力頂いた、夜の街の皆さんに対してであろう。今後も末永くお店を続け、遠からずまた「おかえり」と私を迎え入れて下されば、これにまさる悦びはない。

二〇二三年三月

谷口功一

初出一覧

雑誌連載時の初出は以下の通りである（『Ｖｏｉｃｅ』ＰＨＰ研究所）。

第一章：狙われた街・すすきの：二〇二二年一月号
第二章：弘前、クラスター騒動の真実：二〇二二年二月号
第三章：いわき、非英雄的起業家の奮闘：二〇二二年四月号
第四章：夜の庭としての武蔵新城：二〇二二年五月号
第五章：甲府という桃源郷：二〇二二年六月号
第六章：小倉で戦争を想う：二〇二二年七月号
第七章：雲伯地方、神々の国と鬼太郎のまち：二〇二二年九月号
第八章：別府の盛り場を支える「ちはら三代」：二〇二二年十月号
第九章：浜松、「検証と反省」に思いを馳せて：二〇二二年十一月号
第十章：十勝のスナックと地域のつながり：二〇二二年十二月号
第十一章：「東京右半分」であふれる商売の熱量：二〇二三年二月号
第十二章：小さなオデュッセウスの帰還：二〇二三年三月号
終章：「夜の街」の憲法論：二〇二一年七月号

〈著者略歴〉
谷口功一（たにぐち　こういち）
1973年、大分県別府市生まれ。東京大学法学部卒業、同大学院法学政治学研究科博士課程単位取得退学。現在、東京都立大学法学部教授。専門は法哲学。主な著書に『ショッピングモールの法哲学――市場、共同体、そして徳』（白水社）、『日本の夜の公共圏――スナック研究序説』（共編著、同）、訳書に『ゾンビ襲来――国際政治理論でその日に備える』『[新版]〈起業〉という幻想――アメリカン・ドリームの現実』（ともに共訳、白水社）がある。

日本の水商売

法哲学者、夜の街を歩く

2023年4月24日　第1版第1刷発行

著者　谷口功一
発行者　永田貴之
発行所　株式会社PHP研究所
東京本部 〒135-8137 江東区豊洲5-6-52
ビジネス・教養出版部 ☎03-3520-9615(編集)
普及部 ☎03-3520-9630(販売)
京都本部 〒601-8411 京都市南区西九条北ノ内町11
PHP INTERFACE https://www.php.co.jp/

組版　有限会社メディアネット
印刷所
製本所　大日本印刷株式会社

ISBN978-4-569-85445-8